EDITORIAL

Uckermark, frisch serviert

Wir nähern uns der Uckermark jetzt mal von der wilden Seite: Immerhin sind Drei Viertel des Landkreises als Naturparke ausgewiesen: Unteres Odertal, Uckermärkische Seenplatte, Schorfheide-Chorin und darin als Highlight die Buchenwälder des Grumsin. Das UNESCO Weltnaturerbe liegt nur rund 80 Kilometer nordöstlich von Berlin und ist in rund einer Stunde über Angermünde mit der Bahn zu erreichen. Die Stadt hat im Norden fast unberührte Natur vor der Tür. Das zieht immer mehr Berliner in die Uckermark - wir weisen den Weg.

Denn ohne Natur ist alles nichts. Aber zur Landpartie gehört auch der Badesee, die schöne Unterkunft und die Landgaststätte. Doch um ehrlich zu sein: Die Gastronomie in Brandenburg hat nicht den besten Ruf. Zu Recht? Wir haben alte Vorurteile über Bord geworfen und neu hingeschaut. Unsere Autorin Judka Strittmatter, selber geborene Brandenburgerin, hat auf ihrer Tour von der Norduckermark bis in den Süden bei Templin Orte entdeckt, die mit großer Gastlichkeit und regionaler Küche überzeugen konnten. Wir notieren: Da ist was in Bewegung gekommen. Essen in Brandenburg – muss man sich nicht mehr zu Hause einpacken.

Die Backsteinstädtchen und Gaststätten als Anlaufstellen, jede Menge Badeseen, Touren mit dem Pferdewagen, mit dem Rad, dem Kanu und zu Fuß; Martensteinsche Urviecher vom Huhn bis zum ängstlichen Wolf, der sich vom nackten Jäger erschrecken lässt: Wir wünschen uns, dass Sie bei der Entdeckung der Uckermark genausso viel Spaß haben wie wir.

Marcus Franken, Redaktionsleiter

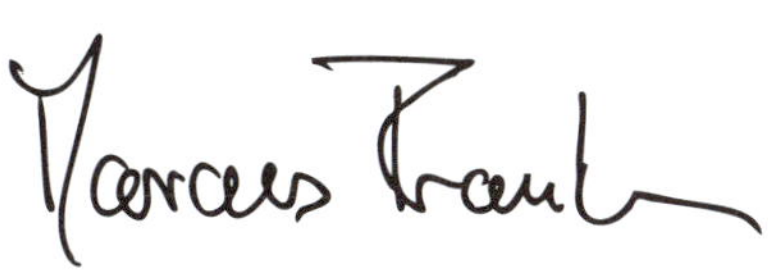

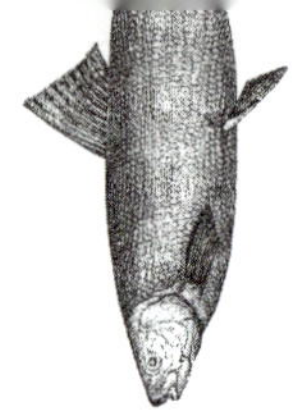

14 | DER **GRUMSIN** –
WELTNATURERBE VOR
DEN TOREN VON BERLIN

INHALT

TAGESSPIEGEL UCKERMARK

20 | **HARALD MARTENSTEIN**
WÜNSCHT SICH
STRAUSS IN FREIER
WILDBAHN

6 | EINSTIEG 100 000 Jahre Arbeit, in 100 Minuten von Berlin zu erreichen

8 | MIT DEM PFERD Vier Tage im Planwagen. Gelassenheit lernen, und doch die Zügel in der Hand halten

NATUR

Die Uckermark hat alles: Dichte Wälder, sanfte Hügel und vergessenes Schilfland zwischen den Oder-Armen

14 | GRUMSIN Der Urwald kehrt zurück. Eine Wanderung durch einen Buchenwald des Weltnaturerbes

20 | MARTENSTEINS VIECHER
Sieben typische Bewohner der Uckermark, Alteingesessene und Immigranten

26 | UNTERES ODERTAL
Dieses Naturparadies hat der Mensch geschaffen. Aus Versehen

30 | UCKERMÄRKISCHE SEEN
Hier erstetzt das Kanu Rad und Auto

34 | BESTE SEEN Acht Badestellen, empfohlen von Einheimischen

38 | SCHORFHEIDE Jagdparadies von Kaisern, Unterführern und Staatsratsvorsitzenden

ESSEN & TRINKEN

40 | Die Gaststätten der Uckermark entdecken die regionale Küche

43 | Zehn Orte, wo man gut einkehren kann

46 | RADWEGE Die besten Touren für Tagestripps und Fernfahrer durch die Uckermark

STÄDTE

Tausend mal zerstört, tausend mal repariert und restauriert: Die Städte als Ausgangspunkt für Reisende

50 | PRENZLAU
Im Zeichen von Kirche und Kloster

52 | ANGERMÜNDE Ein Fachwerkstädtchen, vom Krieg verschont

54 | LYCHEN
Die Insel zwischen lauter Seen

55 | SCHWEDT
Bunte Stadt und Tabak-Zentrum

56 | TEMPLIN Mittelalterlicher Markt mit Stadtmauer drumrum

58 | ÜBERNACHTEN
Ein gutes Dutzend Tipps für die Kurzreise aufs Land

62 | TERMINE Die besten Veranstaltungen zwischen Juni und Oktober

66 | KOLUMNE
Über den Sexappeal von Axt und Motorsäge

66 | IMPRESSUM

26 | **NATIONAL-PARK UNTERES ODERTAL**
MIT DEM KANU
ZU BESUCH BEI
BIBERN UND SEE-
ADLERN

8 | MIT DEM **PLANWAGEN**
DURCH DIE
UCKERMARK:
IM RUHIGEN
TROTT ÜBER LAND-
STRASSEN UND
STILLE WALDWEGE

46 | 1600 KILOMETER
RADWEG FÜHREN
DURCH DIE HÜGEL DER
UCKERMARK. RICHTIG
BERGIG WIRD ES NIE

34 | JETZT WIRD ES
NASS: **LIEBLINGSSEEN**
UND BADETIPPS VON
EINHEIMISCHEN

FOTOS iStock (6), Mauritius Images, Anja Warning, Marcus Franken

Uckerland, Hügelland

Wälder, Seen und Felder: Die Uckermark ist geprägt durch ihre **HÖHEN UND SENKEN**. Das Land ist weit. Und jenseits der mittelalterlichen Städte oft fast menschenleer. Das – und ein paar urige Ausflugsziele – ist es, was Berliner anzieht

100 000 Jahre

LIEBEVOLLE HANDARBEIT hat die Schöpfung investiert, um die Uckermark zu formen. Mit Eis schob sie Sandhügel von hier nach da, verjagte Wollhaarmammuts, drapierte Steinbrocken, hob die Temperatur wieder an und setzte allerhand Pflanzen und Getier auf die Sandhaufen. Vor 10.000 Jahren war sie fertig. Und sie sah, dass es gut war. Die Bahn ist heute in 100 Minuten da.

SCHWALBEN

Wenn es über Berlin tschilpt und zirpt, sind es Mauersegler, in der Uckermark Rauch- oder Mehlschwalben. Letztere haben einen reinweißen Bauch, als hätten sie in Mehl gebadet.

WASSER & WEHRTÜRME

Das Wappen der Uckermark zeigt den Reichtum des Landes: Jede Menge Wasser mitreichem Fischbestand und wehrhafte Städte mit hohen Mauern. Der Adler steht für die brandenburgischen Wurzeln, der Greif für Pommern. Später schätzen die Fürsten die reichen Holzvorkommen und die guten Jagdgründe.

500 Seen

gibt es **IN DER UCKERMARK** – mindestens. Dorfteiche und Haussen unter einem Hektar nicht mitgezählt. Die meisten laden zum Baden ein.

1600 km

OFFIZIELLE RADWEGE führen durch die Hügel von UM. Nicht schlecht für eine Region, die kaum mehr als 70 mal 70 Kilometer groß ist.

ZUZÜGLER

»Wat dem NewYorker seine Hamptons, is dem Berliner die Uckermark«. Michael Wickert war erfolgreicher Händler in der Kreuzberger Markhalle 9. Jetzt will er mit »Fischbrötchen 2.0« den Norden erobern: Im Schlossgarten von Gerswalde eröffnet er eine kleine Fisch-Räucherei und bietet auch den sonst wenig geliebten Weißfisch an: Plötze und Schleie, geräuchert oder sauer eingelegt. Nebenan servieren zwei Japanerinnen im »Löwen« fernöstliche Hausmannskost.

Das wird interessant. Geöffnet vom 22. Juli bis Oktober, Sa und So ab 12 Uhr

FOTOS Franziska Mohr, Ana Baumgart, Glut & Späne, iStock, Wikipedia GRAFIK Christian Renner

»Wir starren auf den Pferdehintern, der sich gemächlich hin und her wiegt«

Kleine Fluchten

Mit **PFERD UND WAGEN** durch die Uckermark ist Entschleunigung pur. Und für den naturverliebten Städter eine Begegnung mit Wind und Wetter und dem starken Willen der Pferde. Vier Tage über Land

TEXT Christina Bylow

Das Pferd bleibt einfach stehen. Steht da und rührt sich nicht. Mitten auf einem von Eichen gesäumten Sandweg, unter dem weiten Himmel der Uckermark. Jule. Jule! Jule!!! Keine Regung. Was hat sie, was will sie? Spaziergänger drücken sich an Pferd und Planwagen vorbei, gucken amüsiert. Wir sind sowas von peinlich. Der Sohn steigt ab, redet Jule gut zu, tätschelt, zieht und schiebt ein bisschen, wieder nichts. Die Mutter ruft die Pferdewirtin an, Nadin, sie hatte uns Pferd und Wagen nach einer geduldigen Einweisung anvertraut. Schon am Morgen war Jule schwer von der Koppel zu bringen und nun das. Die Antwort kommt schnell: Das Pferd teste uns, es wolle nur wissen, wie weit es bei uns gehen kann. »Laut und autoritär« sollten wir mit Jule sprechen. Und wenn das nichts nützt, einen Stock suchen und ihr unter die Augen halten. Hilfe, schwarze Pädagogik fürs Pferd!

Ich will nicht. Sie sieht so friedlich aus mit ihrem rotbraunen Fell, der weißen Blesse zwischen Schnauze und Stirn. Ein belgisches Kaltblut, achtzehn Jahre alt, das Kreuz hängt schon ein wenig durch. Das Pferd tut mir leid. Ganz falsch. Aber was tun. Auf dem Sandweg übernachten? Als ob Jule verstanden hätte, setzt sie sich plötzlich in Bewegung, ein Ruck, und wir zuckeln weiter. Wir loben sie über alle Maßen, brav Jule, toll Jule, und sie läuft und läuft. Über Sand, über festgetretenen Lehm, über Asphalt und über das buckelige Kopfsteinpflaster alter Dorfstraßen. Mit einem Hufschlag wie punktierte Achtel, nichts bringt sie aus dem Takt. Der Klang wird uns in den Ohren bleiben, weit über die vier Tage im Planwagen durch die Uckermark hinaus.

EINE GROSSE REISE IST ES NICHT, wenn man sie nach Entfernungen bemisst. Zehn bis fünfzehn Kilometer am Tag, in einer ausladenden Schleife um die Gemeinde Gerswalde herum. Im Ortsteil Friedenfelde sind Jule und ihre elf Kollegen, alles ausgebildete Kutschpferde, in einem großen Stall und auf den umliegenden Weiden stationiert. Sie haben den Sommer über hart gearbeitet, dieses Wochenende beschließt die Saison, danach wird es im Planwagen zu kalt. Im Hof stehen die Wagen, Deichsel an Deichsel, eine elegante Flotte, kein Zirkus-Kitsch. Eine helle Plane wölbt sich über dem Corpus aus dunkelgrün gestrichenem Holz. Innen drängen sich zwei Pritschen, Kocher, Spülbecken, Gasofen und eine Sitzecke mit einklappbarem Tisch auf etwa acht Quadratmetern zusammen. Unsere Kajüte für die kommenden Tage. Mit ihrer Raumökonomie erinnert sie an eine Segeljolle.

Wir verstauen unsere Vorräte, Eier, Speck, Zwiebeln, Kartoffeln, Schokolade. Einen Kühlschrank gibt es nicht, auch kein fließendes Wasser. Im Pferdehof füllen wir Kanister ab, für Jule und für uns. Eine große Kiste Hafer laden wir ebenfalls ➤

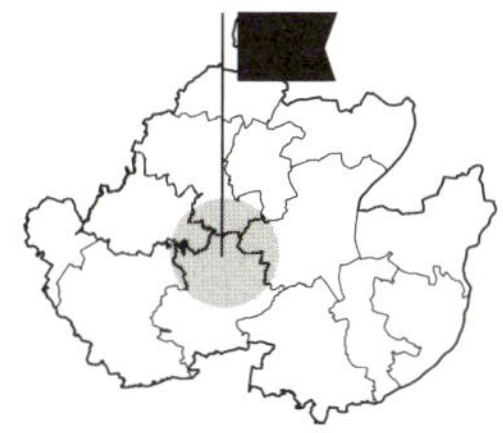

Mit dem Planwagen durch die Uckermark

Die viertägige Tour hat Celine Reisen zusammengestellt. Der einzige Planwagenverleih in der Uckermark bietet auch die Route für uns Sieben Seen, die Wallpfadtour (Kulturhistorische Tour) und die Naturkundliche Tour an. Kosten: Zwischen 560 Euro (4 Tage) und 1160 Euro (7 Tage in der Hochsaison).

Celine Aktiv Reisen,
Suckow 41,
17268 Flieth-Stegelitz,
Tel. (0170) 245 00 55,
info@celine-aktiv-reisen.de,
celine-aktiv-reisen.de

FOTOS Marcus Franken (2)

Der Umgang mit dem Pferd will geübt sein. Fertig machen (**1**) zum Anschirren (**2**)! Zur Belohnung kann man dann abends das Idyll am Pinnow-See bei Potzlow genießen (**3**)

auf. Jule braucht mehr als einen Eimer Hafer pro Tag, verteilt auf vier Mahlzeiten.

Unser Wissen über Pferde stammt aus einem Reitkurs für Anfänger. Das macht nichts, meint Nadin. Putzen, anschirren, einspannen, das üben wir unter ihrer Anleitung. Die gelben und schwarzen Leinen, die vom Halfter über den Pferderücken laufen, bestehen aus dem Polyester recycelter Kunststoff-Flaschen. Bauch- und Brustgurt sind aus biegsamem Schaumstoff. Alles leicht und handlich. Der Sohn hat schnell den Überblick, die Mutter nicht. Welche Leine durch welche Öse muss, dokumentiert er mit dem Handy, auch wie Jule vor den Wagen bugsiert wird und die beiden Zugstangen eingehängt werden. Nadin gibt uns die Regeln für den Umgang mit dem Pferd auch schriftlich mit. Niemals das Pferd allein im Wagen stehen lassen und es bei Steigungen, Kreuzungen und Gefälle immer am Zaum führen. Bremsen, wenn es bergab geht. Und vor allem reden. »Sprechen Sie viel mit Ihrem Pferd, ein Pferd ist ein guter Zuhörer und freut sich, wenn sich jemand mit ihm abgibt.« Die Arbeitsteilung zwischen Mutter und Sohn hat rechtliche Gründe: Mutter hält die Zügel, weil

»Sprechen Sie viel mit Ihrem Pferd, ein Pferd ist ein guter Zuhörer und freut sich«

volljährig, Sohn sitzt daneben, weil minderjährig. Wenn Jule geführt werden muss, springt der Sohn vom Bock. Wir müssen zusammenhalten, Verweigerung wäre fatal. Hoffentlich bleibt was hängen. Als wir uns schließlich in Bewegung setzen, bin ich aufgeregt wie bei der Führerscheinprüfung. Nadin läuft etwa eine Stunde neben uns her, dann lässt sie uns allein.

Vor uns liegt das sanfte Auf und Ab der uckermärkischen Moränenlandschaft. Endlose Felder, Wiesen, Bäume. Anfangs nur Randerscheinungen. Wir starren auf den Weg, auf die Karte, auf den Pferdehintern, der sich gemächlich hin- und herwiegt. Was, wenn wir die Abzweigung zu unserem ersten Übernachtungsplatz verpassen? Rückwärtsfahren geht nicht. Doch als wir in der Nähe des Stiernsees in die gekennzeichnete Wiese einbiegen und Jule eine schöne Kurve zieht, bis wir in der richtigen Position stehen,

3

sind wir stolz. Abspannen, putzen, füttern, tränken, dann darf sie auf die Koppel. Wiehernd begrüßt sie ihre Artgenossen.

DIE ERSTE NACHT DRAUSSEN. Die Holzwand des Planwagens ist nur eine dünne Membran zwischen der Natur und uns. Aber genau das suchen wir ja. Erde unter den Füßen, den Geruch von Wald und Weide, den Anblick von Ameisenhaufen, Heidelbeeren und Hochsitzen, die Nähe zu einem ruhigen, großen Tier. Dem Sohn sagt auch das Feuermachen zu. Wir grillen Zucchini mit Knoblauch, Würste gibt's auch. Dann bricht die Dunkelheit ein, als hätte jemand eine Decke über uns geworfen. Mondfinsternis. Wir schlafen um neun.

Am nächsten Morgen ballen sich dunkle Wolken am Horizont, vor uns kilometerlang monotoner Asphalt, wir übersehen die schmale Straße nach Blankensee, ein Gut mit Ölmühle. Als das Ortsschild »Mittenwalde« vor uns auftaucht, wissen wir, dass wir zu weit gefahren sind. Jetzt gibt es nur noch den Umweg, fast doppelt so weit, entlang an Hühnerställen und verlassen aussehenden Gehöften. Der Regen trommelt auf die Plane, die Dämmerung nimmt uns die Sicht. Wir frieren. Endlich die Umrisse eines ➤

FOTOS Marcus Franken (3), S. Bylow

Zum Abschied steht die Bäurin, Saskia Gräfin Hahn von Burgsdorff, mit ihrer Tochter vor der Ölmühle (**3**). Am Rastplatz: Lagerfeuer (**1**) und Nebel im ersten Licht (**2**)

langgezogenen Gebäudes aus Feldsteinen und eine winkende große Frau, die uns den Weg auf die Pferdekoppel weist. Der Wagen steht dieses Mal mittendrin. Wir umzäunen ihn mit Draht. Der Sohn schließt die Batterien an. Im Gut umfängt uns die Wärme eines finnischen Eisenofens. Wir sitzen auf Hockern aus Birkenstämmen, bewundern die Holzkonstruktion der geräumigen Halle. Die Bäuerin, Saskia Gräfin Hahn von Burgsdorff, bringt uns heiße Schokolade, die Kleider trocknen am Ofen. Seit dem Jahr 2000 bewirtschaftet die Familie das Gut, die Gräfin, gelernte Forstwirtin, stellt kaltgepresstes Mohnöl her. Im Hofladen kaufen wir Marmeladen, Öl und Nüsse. Und wir duschen. Warmes Wasser, was für ein Luxus!

GELASSEN WIE BIERKUTSCHER sitzen wir auf dem Bock. Es ist unser dritter Tag. Überholende Autos irritieren uns nicht mehr – Jule sowieso nicht – und als wir am späten Nachmittag unsere Lichtung erreichen, ist es wie der Einzug ins Paradies. Eine Koppel am Waldrand, dahinter der langgestreckte Pinnower See, Nebel liegt über dem dunklen Wasser. Ein paar Angler versuchen ihr Glück. Wir haben das sandige Ufer und eine Feuerstelle ganz für uns allein. Darüber das Farbenspiel der untergehenden Sonne. Nur die Schreie der Käuzchen und das Knistern des Holzfeuers unterbrechen die Stille. Wie lange könnte man so leben? Wir sind ruhig geworden, jeder hängt seinen Gedanken nach. Dann eine Überlegung. Sollen wir uns irgendwo einen Bauwagen hinstellen?

Aussteigerfantasien. verworfen am nächsten Morgen, früh um sechs. Kalt und nass war die Nacht. Die Kleider sind klamm, die Nase läuft, der Rücken schmerzt. Jule wiehert, als sie uns aus dem Wagen kriechen sieht. Sie will ihr Futter. Und sie will nach Hause. Nach ausgiebigem Frühstück – Brennnesseln und Hagebutten, Rührei mit Speck - brechen wir Richtung Friedenfelde auf. Jule trabt und trabt, die Kutscherin ist überflüssig, das Pferd findet den Weg von selbst. Die Wehrkirche von Gerswalde bleibt links liegen, die sehen wir uns bei der nächsten Planwagenfahrt an. Diesen Sommer. Wenn Jule nochmal mit uns will.

FOTOS Marcus Franken, S. Bylow (2)

Nationalparkstadt
Schwedt/Oder
Landkreis Uckermark

»Shoppen – Genießen – Wohnen« in der Schwedter City

Die Nationalparkstadt Schwedt/Oder bietet neben Kunst, Natur und Erholung viele Erlebnismöglichkeiten. In der gemütlichen Innenstadt kann man an der Uferpromenade flanieren und wenige Meter weiter die Geschäfte und gastronomischen Angebote aufsuchen. Sie wollen uns kennenlernen? Mitten im Herzen der Innenstadt bietet die gemeinsame Geschäftsstelle des Tourismus- und Innenstadtmanagements alle Informationen zur Region, aber auch Souvenirs und regionale Produkte.

Besonders viel Trubel herrscht während der vielfältigen Veranstaltungen, denn die Schwedter feiern gern. Besuchen Sie doch mal

- die Schwedter Mittsommernacht immer an einem Freitag Ende Juni (23.06.2017)
- das Schwedter Oktoberfest am 4. Septemberwochenende (22.-24.09.2017) mit großem Schaustellerbereich, Festzelt und Feuerwerk
- den Schwedter WinterMärchenMarkt am zweiten Adventswochenende (7.-10.12.2017) mit besonderer märchenhafter Illumination
- den Schwedter Frühlingsmarkt am zweiten Aprilwochenende (7./8.04.2018)
- oder den Tanz in den Mai – natürlich am 30. April jeden Jahres mit Spiel, Spaß und Aktionen für die ganze Familie

Zu diesen Tagen feiern tausende Schwedter und Besucher gemeinsam inmitten der Einkaufsstraßen. Neben dem jeweiligen Marktgeschehen und Bühnenprogramm sowie weiteren Attraktionen können Sie dann auch die Geschäfte, Restaurants und Cafés kennenlernen.

Alles Schwedt
Deine StadtApp
App Store | Google play
Jetzt gratis downloaden!

Vierradener Straße 31,
16303 Schwedt /Oder

www.facebook.com/ AGCity.Schwedt
oder nutzen Sie die kostenlose StadtApp »Alles Schwedt«

FOTO R. Mundzeck

Unter Buchen

WELTNATURERBE GRUMSIN: Einer der größten Buchenwälder Mitteleuropas soll wieder zum Urwald werden. Ein Projekt für Jahrhunderte. Dabei wäre der Wald einst fast von den Glasmachern aufgefressen worden

TEXT Cord Riechelmann und Marcus Franken

Das gute an Spaziergängen im Grumsin ist, dass sie nie unmittelbar im Wald anfangen. Man geht immer, egal wo man startet, zuerst durch bewirtschaftete Landschaft. Vorbei an Pferdeweiden, Büschen und Bäumen am Wegesrand. Dann fehlen plötzlich die freien Flächen, dafür ruft ein Specht aufgeregt, um im nächsten Moment - nicht weniger aufgeregt - einen Trommelwirbel durch den Wald hallen zu lassen. Schon steht man mittendrin: In einem Buchenwald, der in vieler Hinsicht weltweit einmalig ist. Seit der Wende 1990 steht der Grumsin unter Schutz. 2011 hat die UNESCO den Wald zum Weltnaturerbe gemacht. Offizieller Titel: »Buchenwälder in den Karpaten und alte Buchenwälder in Deutschland«. Hier wächst vor allem die Rotbuche, an einigen Stellen gedeihen aber auch Traubeneichen und weil der Grumsin buchstäblich durchfurcht ist von Teichen, Seen, Tümpeln und Mooren gibt es -wie vom Landschaftskomponisten dazwischengetupft - Erlen-Bruchwälder um die Gewässer herum. ➤

Die hallenähnlichen Buchenwaldstücke sind dabei so aufgeräumt, weil sie kaum Unterholz haben und ein geschlossenes Kronendach über glatten, säulenartigen Baumstämmen, an denen selbst die untersten Äste für menschliche Kletterer unerreichbar hoch ansetzen. Im Grumsin wirkt der Wald an manchen Stellen leergefegt: Das hat mit dem wenig nährstoffreichen Boden zu tun, auf dem die Buchenblätter, die sowieso schon langsam verwesen, noch langsamer abgebaut werden. Und das alte Laub hält den Krautnachwuchs klein. So hebt sich das Kronendach optisch noch ein paar Extra-Meter empor.

»Einst lebten Wisente, Bären und Elche in diesem Wald. Hirsche waren häufig. Rehe gab es dagegen kaum: Die Wölfe hielten die Tiere kurz«

AN DIESEM MORGEN gilt der erster Blick aber nicht den Bäumen, sondern dem Storchennest auf einer der Scheunen an unserem Ausgangspunkt Altkünkendorf. Das Nest ist besetzt, aber die Störche sind schon ausgeflogen und Junge sind noch keine da. In Altkünkendorf gibt es ein kleines Informationscenter, in dem man mit Karte und Broschüren in die Besonderheiten des Waldes eingeführt wird – der Besuch lohnt sich (siehe Tipps am Ende des Artikels).

Hinter Altkünkendorf durchzieht ein Wechsel von Wasser und Bäumen die Landschaft. Anhöhen steigen auf 100 Meter an und zusammen mit den vielen Senken und Löchern im Wald ist man dem Grund, warum die UNESCO ihn zum Weltnaturerbe erklärte, sehr nah: Es sind die geschichtlichen Tiefenspuren aus der letzten Eiszeit, die mit ihren sich durch die Landschaft schiebenden Eismassen die Höhen und Senken hinterlassen hat. Dieses Relief macht den Wald zum Idealtyp einer naturnahen jungen Endmoränenlandschaft. Und in dieser Form ist der Wald von Grumsin einmalig. Seit er unter Schutz gestellt wurde, ist sein Kern nun jeglicher Nutzung entzogen und damit als Totalreservat auch für uns als erholungs- oder natursuchende Besucher unzugänglich. Die ausgeschilderten Pfade verlaufen also an den Rändern des zentralen Waldes.

Das Auf und Ab der Landschaft, das manchmal an Mittelgebirgslandschaften erinnert, lässt sich aber auch auf den Wegen von Altkünkendorf gut verfolgen. Man sollte nur die in fast jeder Beschreibung des Grumsin erwähnten Seeadler, Kraniche oder Schwarzstörche nicht gleich hinter der nächsten Buche erwarten. Diese Vögel mögen ruhige, ungestörte Orte für ihren Nachwuchs und die finden sie im Zentralwald.

Das der Wald lange ungestört wachsen konnte, liegt an der Jagdbegeisterung der Herrschenden: Deutsche Kaiser, Nazis und DDR-Obere gingen hier auf die Pirsch und hielten den Holzeinschlag weitgehend außen vor. Aber die Tradition ist viel älter: Schon vor einem halben Jahrtausend - etwa von 1550 an - lief für fast 200 Jahre ein hoher Wildzaun aus Holzlatten und Lehm über eine Länge von 70 bis 80 Kilometern durch den Wald. Er sollte verhindern, dass das Hochwild – Hirsche und später Elche und Wisente, die die brandenburgischen Kurfürsten teilweise eingeführt hatten – sich aus dem Wald nach Norden verdrückten und so den Jagdgesellschaften entwischten. Die Wisente sind seit etwa 1720 ausgerottet und Elche kommen in Brandenburg nur noch als Einzelgänger vor, die aus Polen herübergewandert sind. Die Hirsche sind geblieben. Und die häufigsten »Stirnwaffenträger« in den Wäldern sind heute die Rehe. Man kann sich kaum vorstellen, dass das mal anders war: Doch im 17ten Jahrhundert wurden die Rehe durch die Wölfe so kurzgehalten, dass nach dem »Edict wegen Schonung des Reh-Wildpräts« jegliches Schießen von weiblichen Tieren – den Ricken – verboten war. Übrigens: Den letzten Luchs erlegten Jäger 1734; den letzten Bären schoss der Kurfürst in den heutigen Grumsiner Wäldern 1534.

DER WALD IST NIE vollständig gerodet worden. Das liegt vor allem an den steinigen Böden, die keine rentable Feldwirtschaft zuließen. Genutzt wurde der Wald aber trotzdem. Buchen- und Eichenwälder waren schon immer für die Mast der Schweine da: Bis etwa 1720 waren die Einnahmen aus der Verpachtung des Waldes zur Schweinemast die wichtigste Geldquelle für die Fürsten. Im Jahre 1604 durfte zum Beispiel jeder Einwohner von ➤

TIPP

Zum Buchenwald Grumsin hat der Verlag Natur+Text zwei schöne Bücher herausgegeben: Ganz aktuell und wunderbar bebildert ist das frisch erschienene Buch »**Grumsin – Weltnaturerbe** im Biosphärenreservat Schorfheide-Chorin« (2017, 24,95 Euro). Hier steht die Natur mit Sumpfcalla, Brucherlen, Schwarzstorch, Kranich und Biber im Mittelpunkt.

In dem schon älteren Band »**Ein Buchenwald im Wandel der Zeit** – 300 Jahre Nutzungsgeschichte im Grumsiner Forst« haben wir die Geschichte des Waldes gefunden. Erhältlich im Buchhandel oder direkt bei naturundtext.de

FOTOS Klaus Pape, Rainer Kant, Fair Film Productions

Typisch für den Grumsin: Kleine Seen und Sümpfe, in denen sich am Rand Birken ausbreiten und dann die wasserliebenden Erlen dominieren

Leben und Sterben: Junges Frühlingslaub (**1**), ein Baum im besten Alter (**2**) und ein alter Stamm, den ein Baumschwamm (Harzporling) zersetzt (**3**)

Joachimsthal zwei Schweine in den Wäldern mästen. Die Schweinehirten hatten das Recht, ein eigenes Mastschwein mitzuführen, und achteten darauf, dass die Sauen immer eine ausgewogene Mischung von Bucheckern und Eicheln fraßen: Denn bei einem Überschuss an Bucheckern wurde das Fleisch zu tranig, bei zu vielen Eicheln geriet es im Geschmack zu streng. Damit niemand illegal Schweine in den Wald treiben konnte, bekam jedes einzelne Tier ein Brandsiegel. Und um zu verhindern, dass sie vom Wolf geholt wurden, sperrten die Hirten ihre Schweine nachts in Holzgattern ein. Im königlich Grimnitzschen Revier durchwühlten um 1750 herum immerhin 1725 staatliche registrierte Borstenviecher den Boden. Erst um 1800 herum ging diese Eichel- und Buchenmast zu Ende. Ein Grund war wohl, dass der Boden an Eicheln und Bucheckern so kahlgefressen war, dass im Wald kaum noch junge Bäume nachkamen und der Forst zunehmend vergreiste.

WIRKLICH GEFÄHRLICH WURDE DEM WALD die Industrialisierung. Mit den königlichen Jagdgesellschaften kam im 16ten Jahrhundert auch der kurfürstliche Leibarzt Leonhard Thurnheisser. Statt für Elche und Bären interessierte der sich für Feuer und Sand – genauer gesagt für Glas, das er auf Holzfeuern kochen wollten und die Rohstoffe Holz und Sand schienen hier wahrlich unerschöpflich. So machte schon 1601 eine erste Glashütte am Grimnitzsee auf, direkt am Jagdschloss des Herrschers. Es folgten Althüttendorf, Vorwerk Grimnitz und im 18ten Jahrhundert Neugrimnitz. Doch die Glasmacher fraßen den Forst: Der Bedarf an Brennholz für das Aufschmelzen des Sandes bei fast 2000 Grad Celsius war so enorm, dass die Hütte am Grimnitzsee schon nach sechs Jahren nicht mehr genügend Holz in der Nähe fand und wegen »übermässiger Zerstörung der Wildbahnen« dichtmachen musste. Dazu kam: Der König hatte Angst um seine Wildbestände.

Die anderen Hütten hielten länger durch – aber der Holzeinschlag in den Wäldern, der Nahrungsbedarf für die Arbeiter und der Verbrauch an Steinen für den Bau von Häusern war so groß, dass die karge Uckermark es nicht dauerhaft liefern konnte. Weil »durch die bisherige Bau- und Brennholzverschwendung die Forsten fast gänzlich ausgeholzet« waren, befahl Friedrich Wilhelm II. 1787, »daß die in unseren Marken befindlichen Glashütten gänzlich eingehen (...) sollen.« Bis heute finden sich Spuren von Glasfunden und rostende Eisenloren im Wald.

DEN BLICK AUF DIE NATUR stören diese Überbleibsel nicht im Geringsten. Seit 1990 steht der schon vorher nur zur Jagd genutzte Wald unter strengen Schutz. Für uns Besucher zeigt der Wald sich in seiner »Optimalphase«, wie die Experten sagen: Die rund 140 Jahre alten Buchen sind gleichmäßig hoch und voll in Kraft und Pracht. Aber der Wald ist kahl und wirkt manchmal fast steril. Erst in Jahrhunderten werden diese Bäume absterben – altersbedingt. Und rund um ihr Totholz werden dann Lichtinseln im Wald entstehen, auf denen neue Buchen wachsen. Dann beginnt der Kreislauf von vorn, erst dann wird der Wald ein Urwald sein.

Schön ist er jetzt schon: Umgestürzte Bäume sind von Moos überwachsen. Und das Wasser, das in den Senken wie in den Seen und Teichen steht, scheint das wenige durchdringende Licht zu sammeln und zu verdoppeln, es lässt die Moose grüner erscheinen als anderswo. Und wenn dann noch ein Grünspecht zwischen den Farbspiegelungen auftaucht, weiß man nicht so genau, was Lichtspiegelung ist und was reales Bild. Aber das ist vielleicht auch gar nicht so wichtig, der Grumsin liefert beides: Spuren der Sozialgeschichte und Laubwaldbilder im Spiegel von Pfützen, Seen, Teichen. Fast ein Traum.

FOTOS P. Wernicke, B. Blahy, Klaus Pape, J. Henschel

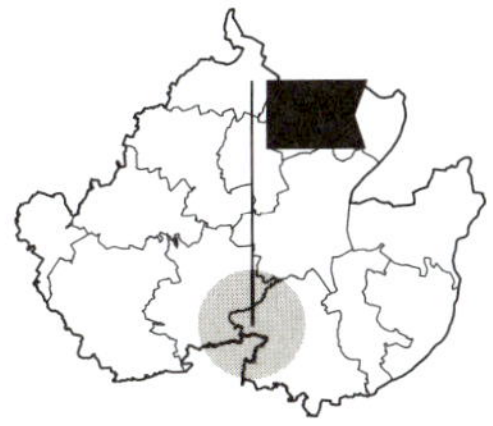

Weltnaturerbe Grumsin

Anreise mit Bus & Bahn

RE 3 bis Angermünde. Bis Ende Oktober fährt der BiberBus (Linie 496) tagsüber fast stündlich die Orte rund um den Wolletzsee an. wirbewegensie.de

WANDERUNGEN

Ab Louisenhof

Ab der BiberBus-Haltestelle Louisenhof kann man auf einer zweistündigen Wanderung entlang des orangenen Buchenblatts selber in den Wald eintauchen. In Louisenhof findet sich die Künstler-Scheune des Ehepaars Tucholke-Bonnet. Ihre Installationen sind meist aus Metall, oftmals verbunden mit Elementen alter Gerätschaften aus der Land- und Hauswirtschaft. In Altkünkendorf lohnt sich der Blick in die kleine Ausstellung zum Weltnaturerbe Grumsin. Auch die Grumsiner Brennerei liegt auf dem Weg.

Spaziergang am Wolletzsee

Die Tour beginnt an der BiberBus-Haltestelle Gehegemühle oder am Strandbad Wolletzsee. Von hier geht es rund 4 Kilometer am Nordufer des Sees entlang bis nach Wolletz. Oberhalb des Sees liegt das ehemalige Jagdschloss, das 1960 zur Jagdresidenz Erich Mielkes gehörte und heute eine Klinik beherbergt. Im Ort angekommen, lohnt sich eine Einkehr im Kaffee-Konsum. Hier gibt es Kartoffelsalat mit würziger Schorfheider-Wildbratwurst und Burger mit Zutaten aus der Region. Lustig auch die kleine Ausstellung aus DDR-Erzeugnissen.

FÜHRUNGEN

Die Geschichte des Waldes erlebt man am besten auf einer geführten Tour. Unbedingt notwendig ist Anmeldung, da die Zahl der Teilnehmer begrenzt ist.

Tourismusverein Angermünde
Brüderstraße 20, 16278 Angermünde, Tel. (03331) 29 76 60, angermuende-tourismus.de

TOUR 1

Weltnaturerbe und Brennerei

Mit dem Naturführer durch den Wald und dann zur Führung und Verkostung in die Grumsiner Brennerei mit Brotzeit und regionalen Produkten. Jeden 1. und 3. Sonnabend im Monat, 11 Uhr ab BiberBus Haltestelle Louisenhof, Gesamtdauer 4 bis 5 Stunden, dabei Wanderung bis 2,5 Stunden. Kosten: 35 Euro pro Person

TOUR 2

Grumsin-Impressionen

Vom Frühjahr bis Ende Herbst; auf Wunsch Besichtigung der Kunstscheune Louisenhof mit Kaffee und Kuchen. Sonntag 13 Uhr ab Altkünkendorf (3 bis 3,5 Stunden). Kosten: 10 Euro Erwachsene, 5 Euro Jugendliche bis 14 Jahre

TOUR 3

Ein Urwald entsteht

Fachkundige Führung mit Naturschützern und Biologen in den Buchenwald Grumsin. Jeden zweiten und vierten Samstag im Monat, 11 Uhr ab Gehegemühle (rund 4 Stunden)
Kosten: 15 / 8 Euro Erwachsene / Jugendliche / Kinder frei

Martensteins Bestiarium

Platz ist genug da, für alle, auch für Tiere. Die Uckermark ist eine der am dünnsten besiedelten Gegenden in Deutschland. Wo intensive Landwirtschaft betrieben wird, ist es um die Artenvielfalt meistens nicht gut bestellt. Aber die Uckermark bietet Nischen. Gerade die Landwirtschaft führt oft zur Einbürgerung interessanter Geschöpfe. Sieben **TYPISCHE BEWOHNER DER UCKERMARK** – alte und neue

TEXT Harald Martenstein

Strauß

Struthio camelus

Der Strauß braucht viel Auslauf und kann Kälte relativ gut ertragen, insofern ist er bestens qualifiziert für das Leben in der Uckermark. Im Gegensatz zu vielen menschlichen Zugezogenen der letzten Jahre ist er nicht gerade ein Intellektueller. Sein Gehirn hat die Größe einer Walnuss und auch etwa deren Reflektionsvermögen. Eine tiefere Bindung an menschliche Bezugspersonen scheitert in der Regel daran, dass er diese nach wenigen Minuten jedes Mal wieder vergessen hat.

Dem modernen Menschen ähnelt der Strauß trotzdem in vielerlei Weise. Er paart sich das ganze Jahr, er wird recht alt, 60 Jahre sind drin, auch die Männchen beteiligen sich, mehr oder weniger, an der Brutpflege. Trotzdem können sie ziemlich aggressiv werden, wenn man sie ärgert. Der Strauß verschlingt fast alles, was ihm vor den Schnabel kommt, auch kleinere Geldbörsen werden nicht verschmäht.

Der Straußenhof in Berkenlatten bei Gerswalde gehört zu den Attraktionen der Region, mit Imbiss, Biergarten, Laden mit Metzgerei und ein paar Ferienhäuschen. Eine kulinarische Entdeckung heißt »Ossobucco vom Straußenhals«, den Hals muss man aber vorbestellen. Fürs typisch uckermärkische Gartenfest empfiehlt sich ein Jungstrauß am Spieß, das ist origineller und magerer als ein Spanferkel. Irgendwann werden vielleicht ein paar Strauße ausbüchsen und verwildern, deren Silhouette wäre zweifellos eine Bereicherung des uckermärkischen Horizonts.

Marderhund

Nyctereutes procyonoides

Das eigenartige Tier stammt ursprünglich aus Sibirien, es ist ein Migrant, den es seit einigen Jahrzehnten mit magischer Kraft nach Westen zieht. In der Uckermark gefällt es den Marderhunden gut, sie wollen offenbar bleiben und vermehren sich in hohem Tempo, während die menschliche Bevölkerung, ähnlich wie die Marderhunde, in großer Zahl nach Westen wandert, wo es Arbeitsplätze gibt. Wenn man beide Trendkurven übereinander legt, dann könnte es in der Uckermark in einigen Jahrzehnten 100 000 Marderhunde geben und nur noch 10 000 Menschen. Aber da haben auch die Jäger mitzureden, das Fell des Marderhundes ist ganz hübsch.

Er sieht, wenn es dunkel ist, ein bisschen wie ein Waschbär aus, nur größer und mit langen Beinen. Gefährlich ist er nur für Kleintiere und Insekten, außerdem ist er noch viel ängstlicher als der Wolf. Einen Marderhund zu sehen – das ist schon ein Ereignis! Er ist wirklich ein Hund, aber einer, der peinlicherweise manchmal mit einer Katze verwechselt wird, weil er als einziger Hund nicht bellt, sondern miaut. Merke: Ein übergroßer Waschbär, der »Miau« ruft, ist immer ein Marderhund.

➤

Schreiadler

Aquila pomarina

Der Schreiadler ist ein sehr schöner und imposanter Vogel mit bis zu 1 Meter 60 Spannweite. Obwohl der Schreiadler nachweislich fliegen kann, jagt er seine Beute meistens zu Fuß, ähnlich wie ein Storch. Wegen seiner kurzen Beine hat er es dabei wohl nicht ganz so leicht wie die Störche. Dieses Tier sucht die Herausforderung. Man muss sich zum Vergleich vielleicht einen Seehund vorstellen, der es sich in den Kopf gesetzt hat, seine Beute durch eine Hetzjagd an Land langsam müde zu machen.

Trotzdem hat der Schreiadler lange überlebt. Heute ist er stark gefährdet, in ganz Deutschland gibt es noch rund 100 Paare, einige davon in der Uckermark, sogar ganz in der Nähe von Templin. Die Vögel brauchen wilde Landschaft, Wälder, feuchte Wiesen – auf einer Landstraße oder einem Parkplatz erwischst du als Vogel zu Fuß doch nie eine Maus. Baumaßnahmen in der Uckermark stehen immer unter der Prämisse, dass sie nicht die letzten Schreiadler belästigen dürfen. Und das ist richtig, oder etwa nicht?

Hühner

Gallus gallus domesticus

Wölfe und Hühner im gleichen Revier, wie passt das zusammen? Die Hühner sind eingezäunt. Wegen des reichlich vorhandenen Platzes wird die Uckermark ein immer beliebterer Standort für das Biohuhngewerbe. Die Hühner laufen im riesigen Gehege zumindest manchmal frei umher, sie haben Schatten, es ist nicht eng und Vogelscheuchen schützen sie, vielleicht nicht perfekt, aber immerhin, vor dem Angriff von Raubvögeln. Das alles sieht relativ hühnerfreundlich aus.

Die Anlagen sind umstritten. Massentierhaltung ist auch das, die Zahl der so entstehenden Arbeitsplätze ist nicht groß, für die Nachbarn ist es unschön, dem Tourismus tut es nicht gut. Weil für Anlagen mit mehr als 40.000 Vögeln eine Bewilligung deutlich schwieriger zu bekommen ist, scheint sich die Hühnerbevölkerung der Betriebe bei 39.900 einzupendeln. Andererseits, wo sollen die Hühnerfarmen hin? Die Haltung dieses Autors hier ist unentschieden, bis zu dem Moment natürlich, wo vor seiner eigenen Haustür eine Hühnerfarm entsteht, womöglich noch mit Windrädern als Stromlieferanten.

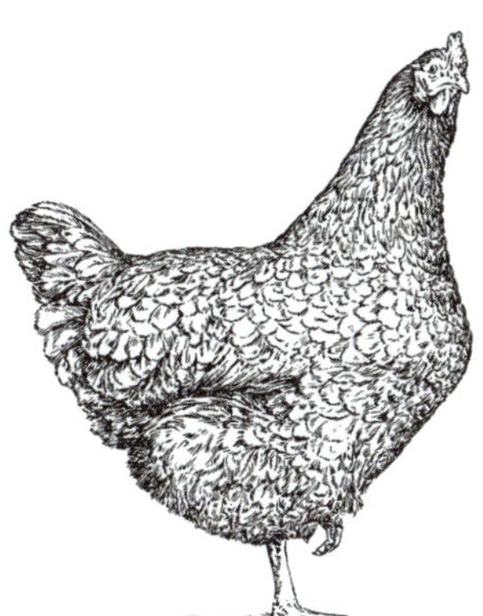

FOTOS mauritius Images, iStock, Fotolia

Wolf

Canis lupus

In Brandenburg soll`s wieder Wölfe geben«, singt der Kabarettist Rainald Grebe, sachlich zutreffend, in seiner Hymne »Brandenburg«. Das Lied »Brandenburg« ist übrigens sehr brandenburgkritisch, was Rainald Grebe nicht daran gehindert hat, sich einen Wohnsitz in der Uckermark zuzulegen. Zwischen dem Image Brandenburgs – viel Luft nach oben – und der Attraktivität des Landes für Touristen, Wölfe und Zuzügler besteht ein interessanter Widerspruch.

Der Wolf ist an sich eher scheu und meidet den Kontakt zu Leuten, die er nicht kennt, viele der angestammten Uckermärker ticken ähnlich. Das erste Filmdokument, welches einen Wolf in der Uckermark zeigt, datiert von 2008. Im Jahr 2014 hat zum ersten Mal ein Wolf seine Schüchternheit überwunden, dies geschah im Dorf Steinhöfel. Als der Oberforstrat Roland Ueckermann aus dem Fenster seines Gehöftes schaute, sah er einen Wolf, der sich, praktisch direkt vor der Haustür des Forstrates, in dessen damals 12jährige Hündin Hanka verbissen hatte. Ueckermann, der aus nicht näher dokumentierten Gründen gerade nackt war, sprang aus dem Fenster und lief, sowohl nackt als auch schreiend, auf den Wolf zu. Der Wolf ließ tatsächlich von Hanka ab und entfernte sich, wie der Forstrat der Presse sagte, »mit sauertöpfischem Blick«. Hanka überlebte dank einer Notoperation.

Es gibt Wölfe in der Uckermark, sauertöpfische, hundefressende und prüde Wölfe, genau gesagt. Aber wir wissen jetzt immerhin genau, wie man sie schocken kann. Schwierig ist es nicht. ➤

Gallowayrind

Bos primigenius taurus

Diese Rinderrasse sieht besonders urig aus, wegen des dicken Fells und den kuscheligen Ohren. Sie stammt aus Schottland, war schon bei den Gourmets im alten Rom beliebt – das Reich grenzte im Norden an Schottland - und kann den Winter ohne Weiteres im Freien verbringen. Wo Gallowayrinder grasen, wird biologische Landwirtschaft betrieben. Gallowayrinder sind zur Massentierhaltung so ungeeignet wie die Maräne für den Tropenurlaub oder der Schreiadler für das Leben in der Stadt. Die Rinder pflegen Brachflächen auf natürliche Weise, sie sind bei Ökologen eine der beliebtesten Nutztierrassen und die lebende Antithese zu seelenlosen Fleischfabriken. Kälber müssen sich vor dem Wolf in Acht nehmen.

Dieses Fleisch kann nicht billig sein. Ein bisschen sparen kann man, wenn man direkt beim Erzeuger kauft, etwa in Gut Klepelshagen bei Strasburg, kurz hinter der brandenburgischen Nordgrenze. Wer die wirklich extrem liebenswerten Geschöpfe einmal eine Weile beobachtet hat, denkt allerdings fast automatisch über Vegetarismus nach. Einmal ist der Autor bei einer Überlandfahrt in eine Gallowayherde geraten, die durch ein Loch im Zaun geschlüpft war und mitten auf der Straße stand. Sie waren nur neugierig. Wir schieden als Freunde.

Maräne

Coregonus maraena

Die Maräne ist ein leckerer Speisefisch, der Geschmack erinnert an Lachs. Sie ist einer der Pfeiler, auf denen die brandenburgische Fischerei ruht. Allerdings hat die Maräne hohe Ansprüche an die Wasserqualität und kann lang anhaltende Hitzeperioden schlecht vertragen. Noch ist sie da in der Uckermark genau richtig. Allerdings hat sie hier auch einen natürlichen Feind, der sehr ernst zu nehmen ist, den Kormoran. Im Parsteiner See kam es vor einigen Sommern zu einem Massensterben, weil hunderte Kormorane am Ufer Rast machten und auf die Jagd gingen. Die Maränen taten das, wie es schien, einzig Richtige, sie tauchten in die Tiefe, dorthin, wo kein Kormoran ihnen folgen kann. Wahrscheinlich sind sie da unten an Sauerstoffmangel zu Grunde gegangen. Andere meinen, der Sommer sei einfach zu warm gewesen, die Maränen seien an Überhitzung gestorben. Wenn die Klimaerwärmung so weitergeht, wird sie der Maräne wahrscheinlich den Garaus machen, daran muss man immer denken, wenn man zähneklappernd versucht, schon Anfang Mai in einem der wunderschönen Seen zu schwimmen und ein Weichei ist. Wir frieren für dich, Maräne!

FOTOS Fotolia, iStock

Am wildesten ist das **Schilfland** im menschenleeren Gebiet zwischen Ost- und Westoder

65 000
HEKTAR umfassen deutsche und polnische **SCHUTZGEBIETE** rund um den Nationalpark Unteres Odertal

Alles im Fluss

Der **NATIONALPARK UNTERES ODERTAL** scheint eine urzeitige Landschaft aus Wasser, Schilf und endlosem Himmel zu sein. Dabei hat der Wasserbauer Mensch viele Lebensräume hier erst geschaffen. Nicht immer planvoll

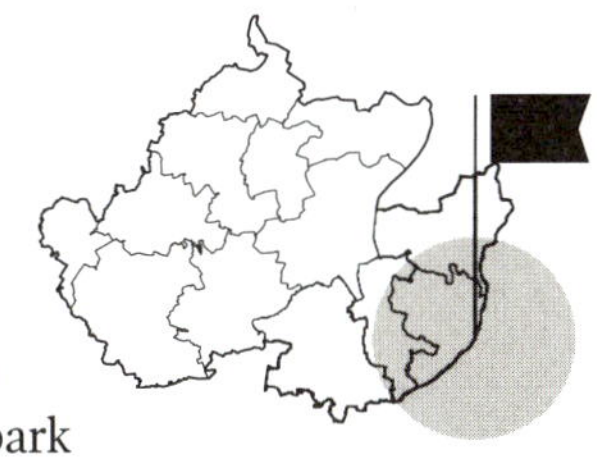

Am Himmel zieht ein Adler seine Kreise, vor uns liegt die Biberburg und die Luft ist erfüllt vom Zirpen und Zwitschern, Quaken und Platschen unzähliger Vögel, Frösche, Insekten. Mitten im Nationalpark Unteres Odertal kann man schon mal vergessen, dass die Oder ein begradigter Fluss ist, zu dem parallel die Hohensaaten-Friedrichsthaler Wasserstraße verläuft. Grund für die Begradigung war die Unberechenbarkeit des Flusses: Im Winter wurde Stettin immer wieder von Hochwasser bedroht. Im Sommer führt die Oder bis heute zeitweise so wenig Wasser, dass sie kaum schiffbar ist. Zu Beginn des 20. Jahrhunderts schuf man Abhilfe mit einem Kanalsystem nach holländischem Vorbild: Mit im Fluss liegenden Poldern, deren Schleusentore bei Bedarf geöffnet werden konnten.

Die heutige Landschaft entlang der Oder ist geprägt durch Deiche, Auewiesen und kleinen Orte unter Oderhügeln, die bis zu 100 Meter hoch aufragen können. Von Lunow südlich von Stolpe bis nach Friedrichsthal nördlich von Schwedt zieht sich entlang des Flusses der Nationalpark Unteres Odertal. Richtung Stettin schließt sich ein Landschaftspark an, der sich auf polnischer Seite fortsetzt, so dass die Natur allen Raum hat, sich zu entwickeln. Als Besucher per Rad, Kanu oder zu Fuß ist der Mensch hier willkommen. Die Deichwege sind asphaltiert und auch zum Inlineskaten gut geeignet. In den kleinen Orten kann man einkehren und mit Schwedt sogar eine kleine Stadt erleben, die trotz großer Kriegszerstörungen noch einige historische Besonderheiten zu bieten hat.

Am Fluss ist immer etwas los: Im Frühjahr und Herbst rasten neben Kranichen auch Singschwäne und Nonnengänse in großer Zahl auf den Polderwiesen. Später im Jahr brüten Seggenrohrsänger und Wachtelkönig hier; Rehe, Biber und Fischotter finden einen Rückzugsraum. In kalten Wintern türmen sich die Eisschollen auf der Oder. Dank der Grenzlage zu Polen wurde der Natur hier vor 60 Jahren ein Rückzugsraum gegönnt. Die Polder bei Mescherin werden schon seit dem Zweiten Weltkrieg nicht mehr bewirtschaftet, so dass die Natur sich den Raum zurückerobert hat: am besten kann man diese Abgeschiedenheit vom Kanu aus erkunden.

TIPPS

Beobachtungsturm Stützkow

Nationalparktouren

Von Mitte Juli bis November können Interessierte unter erfahrener Leitung ins Herzstück der Auenlandschaft ziehen: per Kanu oder zu Fuß werden unterschiedliche Touren angeboten. Die kundigen Begleiter wissen vieles zu erzählen, zeigen Verstecktes und entlocken dem Nationalpark und seinen Bewohnern einige Geheimnisse. Die Touren sollten im Voraus gebucht werden, da die Teilnehmerzahl begrenzt ist.

Auf nationalpark-unteres-odertal.eu findet man unter »Nationalparkpartner« Kanu- und Landschaftsführer

Nationalparkhaus Criewen

Im alten Schafstall der von Arnims informiert eine Ausstellung zur einzigartigen Landschaft des Nationalparks. Eindrucksvoll sind die Vogelpräparate, die dazugehörigen Vogelstimmen und die großen Aquarien, wo man den Fischreichtum der Oder mit über 50 Arten bestaunen kann. Das Nationalparkhaus ist auch Start für geführte Touren durch den Nationalpark und die Wanderwege »Auenpfad« und »Weg der Auenblicke«.

Am Speicher 3, 16303 Schwedt OT Criewen, Mo-So 9-18 Uhr, November bis März Fr-So 10-17 Uhr, Tel. (03332) 267 72 44, nationalpark-unteres-odertal.eu

TEXTE Meiken Endruweit FOTOS Bernd Settnik/dpa, Olaf Rochlitz, Alena Lampe

Weg der Auenblicke

Eintauchen in die Vielfalt der Aue-Lebensräume: Vom Lenné-Park geht es auf einem kleinen Pfad hinunter zur Oderaue, wo der Wald sich selbst überlassen wird. Auf dem Quellerlebnispfad kann man Alpenstrudelwürmer finden und erfährt, woher das Wasser für die vielen Quellen kommt. Weiter auf gut ausgebautem Wege am Oderhang entlang, kommt man über den Deichweg an der Flussaue und durch die Polderwiesen zurück.

Start und Ziel des 10 km langen Weges: Nationalparkhaus Criewen, Faltblatt »Weg der Auenblicke« im Nationalparkhaus und in der Touristinformation Schwedt

Oderpaddeln

Von Mescherin aus kann man über die Oder in die Polder auf polnischer Seite paddeln, die seit dem letzten Krieg der Natur überlassen wurden. Eine Tour mit Frauke de Vere Bennet lohnt sich, sie kennt die Wege übers Wasser und durchs Schilf wie ihre Westentasche. Abner man kann auch Kanus mieten: mit Flusskarte finden sich Biberburg und Adlerhorst auch ohne Guide.

flusslandschaft reisen, Frauke de Vere Bennett, Dorfstr. 16a, 17329 Hohenholz, Tel. (039746) 228 91 oder (0172) 197 93 16, flusslandschaft-reisen.de

Grün & Wild

Keine Angst: Wild sind auf Marina Pelzers Wanderungen nur die grünen Kräuter! Die Forst-Ingenieurin führt Interessierte zu den besten Kräutern und Blüten im Nationalpark. So erfährt man allerlei über das Grün am Wegesrand, das man sonst gar nicht wahrnimmt. Nach der Wanderung geht es ab in die Küche: Dort wird aus dem Grünzeug je nach Jahreszeit und Auswahl Salat, Suppe oder Kräuterpfannkuchen.

Grün & Wild, Kanalstr. 3, 16278 Schöneberg OT Alt-Galow, Tel. (0162) 203 60 55, kontakt@gruen-und-wild.de, gruen-und-wild.de

Rosencafé und Biolandrosen

Ihren Traum von Luxus erfüllt sich Akiko Hashimoto in der Uckermark: ein eigenes Café inmitten von Rosen und Natur. Die Tokioterin bietet am Wochenende Leckeres und Feines aus regionalen Zutaten an, die nach alten japanischen Methoden verarbeitet werden. Neben Kaffee und Kuchen stehen auch kleine Gerichte auf der Karte. Unter der Woche gibt es Kochkurse und Catering und gleich nebenan kann man Bioland-Rosen bestaunen und kaufen.

Rosen-Café und Bioland Rosenschule Uckermark, Lindenstraße 4, 16307 Mescherin OT Radekow, Tel. (0151) 54 73 07 54, info@dasrosencafe-uckermark.de, dasrosencafe-uckermark.de

Tabakmuseum Vierraden

Auf halbem Weg von der Oder nach Schwedt, lebt die alte Tradition des ursprüglich hugenottischen Tabaks wieder auf. In einer ehemaligen Tabaktrockenscheune wird gezeigt, wie der Tabakanbau in die Gegend kam, verarbeitet und gehandelt wurde.

Do-So 10-17 Uhr, Breite Straße 14, 16303 Schwedt-Vierraden, Tel. (03332) 25 09 91, tabakmuseum-vierraden.de

Stolper Turm

Wie ein Stumpen ragt er in den Himmel, nur ein Drittel der 6 m dicken Mauern sind oberirdisch, der Blick von oben reicht weit über das Odertal. Im 12. Jahrhundert mit den damals seltenen Backsteinen errichtet, fiel seine Spitze vor 500 Jahren ins Innere. Ein Heimatverein kümmerte ums Aufräumen, und heute kann die Burg besichtigt werden.

Mi-So 10-12 und 14-16 Uhr, Wege zum Stolper sind ausgeschildert, 16278 Angermünde OT Stolpe, Tel. (033338) 528 oder 566, dorfvereinstolpe-uckermark.de

Kraniche in Gartz

Im Herbst sammeln sich hier wenigsten 60.000 Kraniche und tanken noch mal richtig auf! Die Energie brauchen sie für den 2000 Kilometer-Flug Richtung Spanien. Dazu futtern sie tagsüber Maisreste von den Feldern und fliegen dann auf das Land zwischen den Oderarmen: Hier sind sie weder für Füchse noch neugierige Menschen zu erreichen. Das Schauspiel, wenn in der frühen Dämmerung Abertausende Kraniche mit ihren 2,20 Metern Flügelspannweite in niedrigem Flug zu den Schlafplätzen ziehen, ist unvergesslich. Der vielleicht beste Ort für herbstliches Bird-Watching ist der Oder-Deich bei Gartz: Wenn man am Parkplatz beim Kranichturm losläuft, steht man mitten in der Einflugschneise.

Die Kranichwochen des Nationalparkamtes dauern vom 30. Sept bis zum 8. Okt Täglicher Vorträg / Exkursion im Sept 16.30 / 17.30 Uhr, im Okt 16 / 17 Uhr am »Cafe zum Mühlenteich«, Kastanienallee 8, 16307 Gartz, unteres-odertal.de

FOTOS Alena Lampe, Marcus Franken, Picasa, iStock (2)

Schönes zum Mitnehmen

Becherlupe, Bestimmungsbuch, Kalender, Keramik, Uckerkaas, Holunderfruchtaufstrich ... Nur wenige Meter neben der interaktiven Ausstellung im Besucherzentrum des Nationalparks Unteres Odertal ist all dies erhältlich. In Grün- und Holztönen empfängt der schmucke Nationalpark-Laden seine Gäste. Hier findet jeder Naturbegeisterte ob Groß, ob Klein ein Mitbringsel, etwas für den Wissensdurst oder alles für ein regionales Picknick im angrenzenden Park. Ziel der Ladenbetreiber ist es, ganz individuelle kleine Produkte anzubieten, die es so in keinem anderen Laden zu finden gibt. Und das gelingt. Nebenbei erhält man hier auch die besten Wandertipps und Ausflugsempfehlungen.

Tipp für Naturerkundungen: Wer sein Fernglas vergessen hat, kann es im Nationalpark-Laden ausleihen.

Nationalpark-Laden Criewen, Bernd-von-Arnim-Straße 28, 16303 Schwedt/Oder, Tel. +49 (0)3332-267227

Öffnungszeiten: Dienstag –Freitag 11 – 17 Uhr, Samstag/Sonntag 10 – 17 Uhr

Tourismusverein Nationalpark Unteres Odertal e.V.,

Vierradener Straße 31, 16303 Schwedt/Oder

Tel. (03332) 255 90, www.unteres-odertal.de

Kreative Idylle

Entspannen, Wohlfühlen, Energie tanken

Die Hotelgäste sitzen bei strahlend blauem Himmel entspannt am Ufer des idyllisch in die Schorfheider Landschaft eingebetteten Großdöllner Sees, während sich vor ihnen die Fische im glasklaren Wasser tummeln, die Wipfel der Bäume im Wind leicht hin- und herwiegen und das freundliche Servicepersonal den duftenden Cappuccino reicht. Kein Wunschtraum, sondern Realität im 4-Sterne-Hotel Döllnsee-Schorfheide. Das nur 60 Kilometer von Berlin entfernte Kleinod steht für Harmonie, Stille und Entspannung. Anfang des Jahres wurde es als Certified Green Hotel und Certified Conference Hotel auf Herz und Nieren geprüft und zertifiziert. – Im Grunde nur die logische Konsequenz aus dem ökologisch und gesellschaftlich verantwortlichen Handeln dieser konsequent auf Nachhaltigkeit bedachten Ideenschmiede für kreative Köpfe, und Wohlfühloase für Ruhe suchende.

HOTEL
★★★★
DÖLLNSEE-SCHORFHEIDE

Hotel Döllnsee-Schorfheide e.K.,

Döllnkrug 2, 17268 Templin OT Groß Dölln, www.doellnsee.de

250

SÖLLE UND SEEN gibt es im Naturpark Uckermärkische Seen. Mindestens. Ungezählt sind Gewässer unter einem Hektar

7%

der **NATURPARKFLÄCHE** nimmt das Wasser ein. Es liegt damit um eine Nasenspitze vor den Siedlungen

Wasser, Wald und Wildnis

Der **NATURPARK UCKERMÄRKISCHE SEEN** ist mit seinen Seen und weitläufigen Wäldern ein Paradies: Vor allem zum Baden, Paddeln und Radeln

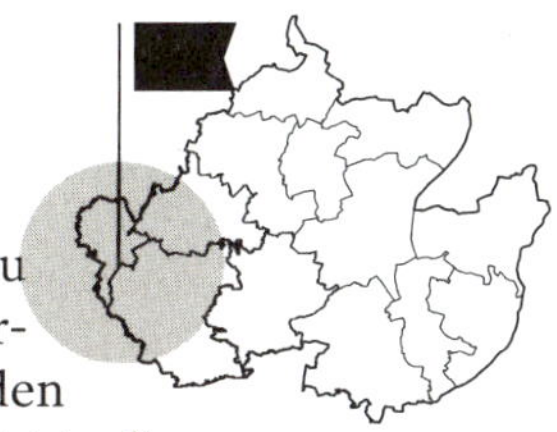

Ausgedehnte Wälder, hügelige Felder und dazu über jede Menge Seen: der Naturpark Uckermärkische Seen bietet Ruhe, Natur und in den kleinen Ortschaften auch ein wenig Kultur. Wasser ist in dieser Landschaft das wichtigste Element, das sich in Mooren, Rinnenseen, Fließen und Söllen gesammelt hat. Zahlreiche Badestellen, Floß- und Kanuverleihe, Angelteiche und Bootsrundfahrten laden ein, die Landschaft vom Wasser aus zu genießen. Adelig wohnen lässt es sich im Boitzenburger Schloss. Zunächst als Wasserburg errichtet, gibt es heute rund um Neorenaissancebau und Klostermühle auf Wanderwegen und Kanutouren viel zu entdecken.

Ein Ausgangspunkt für Erkundungen ist Lychen, das fast wie eine Insel von mehreren Seen umschlossen wird. Ob Solar- oder Motorboot, Paddeln oder sogar Segeln, Schwimmen oder Angeln, hier ist für jeden etwas dabei. Per Kanu lässt sich die Altstadt umrunden: Der Mühlenbach verbindet Ober- und Nesselpfuhl, die Passage auf Rollen führt unter der alten Mühle durch. Wer mag, macht im Industriedenkmal eine Kaffeepause. Im Sommer lädt die Stadt zum Flößerfest und erinnert an diese Tradition: In den umliegenden Wäldern wurden früher Bäume geschlagen und von den Sammelplätzen über die Seen und Bäche zur Havel und weiter nach Hamburg und Berlin geflößt. Das Abenteuer kann heute bei einer romantischen Floßtour erlebt werden.

Von Lychen führt der Märkische Landweg entlang des Zens- und Platkowsees bis nach Templin. Auf halber Strecke liegt Annenwalde, wo früher Glas hergestellt wurde. Dafür braucht man Sand: Hier in der Kleinen Schorfheide gibt es Sandtrockenrasen und sogar Binnendünen. Wanderwege führen durch diese besondere Landschaft, die ehemals militärisches Sperrgebiet war. Natürlich beginnt und endet auch hier alles am Wasser: Am Densowsee baut ein Biber seinen Damm, Eisvogel, Moorfrosch und Schellenente sind nur einige der seltenen Tierarten, die hier zu Hause sind. Hinzu kommen einige Orchideenarten und mit dem Sonnentau sogar eine fleischfressende Pflanze.

TIPPS

Naturparkhaus Uckermärkische Seen

In der Naturparkverwaltung in Lychen zeigt eine kleine Ausstellung die Geschichte der uckermärkischen Seen anhand von Schautafeln, Hörstationen sowie Film- und Diashow. Kinder können sich auf Schatzsuche begeben oder sie lernen mit Biber Bocki einiges über Natur und Landschaft. Besucher können hier auch die stark nachgefragten Touren mit Rangern buchen. So lernt man am meisten über Natur und Geschichte der Seenlandschaft.

Lychen, Zehdenicker Str. 1, 17279 Lychen, Mo-Fr 8-16 Uhr, Tel. (039888) 645 30, uckermaerkische-seen-naturpark.de

Kanuverleih Schloss Boitzenburg

Im alten Schloss der von Arnims ist heute ein Jugendhotel, auch Einzelreisende können übernachten. Der Kanuverleih läuft über die Hotelrezeption: Wer ein Boot mietet, steigt vor dem Schloss ein, paddelt Richtung Schumellensee, weiter in den Krienkowsee oder direkt zum Hardenbecker Haussee mit der Badestelle – eine gemütliche Tagestour.

Boitzenburg, Templiner Straße 13, 17268 Boitzenburger Land, Tel. (039889) 509 30, boitzenburger-schloss.de

Paddeltour

Wirklich erleben kann die Uckermärkischen Seen eigentlich nur, wer ein paar Tage paddelt: eine Rundtour durch den Naturpark beginnt am Platkowsee zwischen Templin und Lychen. Von dort über Himmelpfort die Havel entlang bis zum Kuhwallsee. Dann gelangt man über den Röddelinsee Templin und folgt den Seen durch die Stadt bis zum Netzkowsee. Dort kann man die Boote zum Startpunkt transportieren lassen.

Hindenburg, Kanuverleih Biberburg Tours, Liegeplatz am Röddlinsee, 17268 Templin OT Hindenburg, Tel. (03331) 212 88, oder (0171) 930 41 37, floss-miete.de, Bootstransport nach Anmeldung: Gestüt Lindenhof, Tel. (03987) 401 61 80

Flößerverein Lychen

Als Berlin wuchs, brauchte die Stadt Holz. Das kam zum Teil aus den Wäldern um Lychen und wurde von dort durch Seen und über die Havel auf dem Wasserweg in die Stadt geflößt. Beim jährlichen Flößerfest im August kann man das »Schauflößen« bestaunen. Wer selbst einmal auf einem Floß fahren will, kann das Abenteuer mit einem kundigen Flößer genießen.

Lychen, Floßfahrten Treibholz, Oberpfuhlstraße 3a, 17279 Lychen, Mo, Mi und Fr um 10 Uhr für eine Stunde, am So um 10 Uhr für zwei Stunden, Tel. (039888) 433 77, mail@treibholz.com, treibholz.com

Draisinenfahrt

200 Jahre ist die erste Draisinenfahrt her – heute kann es jeder selbst ausprobieren. Die Gleisstrecke zwischen Templin und Fürstenberg führt durch Wälder und vorbei an Seen des Naturparks mit Stopps an Badestellen und interessanten Orten, beispielsweise dem Himmelpforter Weihnachtspostamt und dem alten Zisterzienserkloster. Selbst für ungeübte Radler empfehlenswert: Es gibt inzwischen die E-Draisine.

Templin, Zehdenicker Straße 30, 17268 Templin. Tel. (03377) 330 08 50, erlebnisbahn.de

Landkonsum

Wo früher die Postkutschenpferde umgespannt wurden und schon seit 250 Jahren ein Gasthaus stand, gibt es heute regionale Produkte in einem kleinen Laden. Neben ausgewählten Köstlichkeiten und Praktischem für zu Hause findet man auch künstlerisch Gestaltetes. Wem hier etwas gefällt, der könnte direkt zum Produzenten weiterfahren: alles kommt aus dem Boitzenburger Land.

Boitzenburg, Templiner Straße 4, 17268 Boitzenburg. Tel. (039889) 56 99 95, etachschoen@boitzenburger.de, boitzenburger.de

Ziegenkäserei Capriolenhof

Am besten erreicht man die Ziegenkäserei mit dem Boot: Einfach die Havel bis zur Schleuse Regow paddeln. Im Hofladen erhält man Ziegenkäsespezialitäten. Mutigere bestellen im kleinen Café einen Ziegenmilch-Milchkaffee oder ein Ziegenmilcheis. Die Mutigsten gehen hin und streicheln die Ziegen, die bei der Bewirtschaftung des Naturparks helfen. Glücklich sind die, die auf dem Biwakplatz übernachten, leises Meckern im Ohr.

Bredereiche, Capriolenhof, Schleusenhof Regow 1, 16798 Fürstenberg OT Bredereiche, Tel. (033087) 511 83, info@capriolenhof.de, capriolenhof.de

Gutshof Kraatz

Im Gutshof wird zur Pizza (nur freitags!) schon mal Apfelwein gereicht und wem er gut schmeckt, der kann auch gleich ein paar Flaschen kaufen. Florian Profitlich und Edda Müller haben das Gut mit den alten Bäumen gekauft und daraus etwas Neues geschaffen: eine Wein-Kelterei, eine Saft-Mosterei, eine Weinschänke. Übernachten kann man nach einem üppigen Mahl natürlich auch.

Kraatz, Schloßstraße 7, 17291 Nordwestuckermark OT Kraatz, Do und Fr 14 – 21 Uhr, Sa 12-21 Uhr, So 10-18 Uhr, Tel. (039859) 639 76, info@gutshof-kraatz.de, gutshof-kraatz.de

Café Eigen-Art

Ein wunderbarer Ort mit eigenwilliger Betreiberin: Ute Scherlipp betreibt dieses kleine Café, das in Wahrheit vor allem ein Nähstudio ist. Hier gibt's Kaffee und Kuchen, selbstgebacken. Und insbesondere gibt es wunderhübsche Patchwork-Kissen, Schachspiele und Decken, selbst gearbeitet. Dieses Können gibt sie in (günstigen) Nähkursen weiter. Besonders auch der Buchtausch: Zwei für eins.

Wichmannsdorf, Dorfstraße 10, 17268 Boitzenburger Land OT Wichmannsdorf, Fr, Sa, So und Feiertags 14-18 Uhr, Tel. (039889) 307, uta.scherlipp@web.de, cafe-eigenart.de

Mühlenwirtschaft und Kaffeemühle

»Wasser auf die Mühle e.V.« restauriert die alte Getreidemühle, durch deren Keller der Mühlenbach fließt. Das Café bieten vor allem Regionales und Selbstgebackenes. Bei gutem Wetter können Bier der Brauerei Storch und Eis von der MoccaMilchEisbar im Liegestuhl genossen werden.

Lychen, Stabenstraße 2, 17279 Lychen, Tel. (039888) 52 48 76, info@muehlen-mahlzeit.de

FOTOS: iStock (2), Kitty Kleist-Heinrich, Treibholz

Willkommen in Ihrer Naturseifen Manufaktur!

Bei uns bekommen Sie nicht nur handgemachte Seifen, sondern auch feste Shampoos, sanfte aber hochwirksame Deos und noch viele andere Dinge für eine schöne Haut. Hergestellt mit viel Liebe. Wir sind ein kleines Unternehmen im schönen Boitzenburger Land, einer beliebten Urlaubsregion für Naturliebhaber.

QUALITÄT AUS DER EIGENEN MANUFAKTUR

Wir stellen unsere Produkte nicht nur selbst her, sondern entwickeln auch alle Rezepte selbst. Auf diese Weise wissen wir vom Anfang bis zum Ende immer genau, welche Inhaltsstoffe in unseren Produkten enthalten sind. Dadurch kann die Naturseifen-Manufaktur Ihnen 100 % natürliche, pflegende und schöne Produkte garantieren. So rein und vielfältig wie die Uckermark.

IHRE NATURSEIFENMANUFAKTUR VERWÖHNT SIE GERN

Wir arbeiten vor Ort in Buchenhain, einem kleinen Dorf im Boitzenburger Land, wo Sie unsere Produkte auch anschauen, beschnuppern und direkt erwerben können.

Naturseifen Manufaktur

A. Thoma, Buchenhain 34, 17268 Boitzenburger Land,

Tel. (039889) 50 90 82, www.naturseifen-manufaktur.de

Konzertsommer in der Uckermark

Uckermärkische Musikwochen
vom 12. August bis zum 3. September

Vielfalt für Neugierige, dafür stehen die Uckermärkischen Musikwochen: 23 Konzerte an 23 Orten, in Dorf-, Stadt- und Klosterkirchen, in Scheunen und Speicher, Schulaula und Wassermühle, in Schaf-, Pferde-, Kuhstall und Open Air. Ausgehend von Renaissance- und Barockmusik gibt es musikalische Ausflüge bis in die Gegenwart und in nahe wie ferne Länder. Auch haben die Uckermärkischen Musikwochen Virtuosen mit raren Instrumenten eingeladen, die Arien auf einer singenden Säge, Hirtenmusik auf Alphörnern, Barockmusik auf Akkordeon und Marimbaphonen interpretieren, oder die erlebbar machen, wie Renaissancelaute und Zink mit indischen Instrumenten zusammen klingen. Liebeslieder aus vier Jahrhunderten sind ebenso zu hören wie Hugo Wolfs »Italienisches Liederbuch«. Nahe dem Weltnaturerbe Grumsiner Forst glänzen Barocktrompeten, traditionell erklingt im Schafstall Tangomusik; Les Gourmands bieten gesungene Kochrezepte. Drei Konzerte widmen sich dem Reformationsjubiläum.

»Veränderung« – Das Bebersee Festival

Vom 26. August bis 3. September treffen sich hochkarätige Künstler wie Franziska Hölscher, Markus Groh und das Artemis Quartett in der Schorfheide, um in einem zum Konzertort ausgebauten Hangar in Groß Dölln klassischen Musikgenuss zu bieten. Zum Thema »Veränderung« erklingen große Variationswerke und neue Transkriptionen bekannter Werke, es findet ein Dunkelkonzert statt und das Familienkonzert widmet sich dem Karneval der Tiere von Camille Saint-Saëns.

Tel. (0331) 979 33 01, www.kulturfeste.de

www.uckermaerkische-musikwochen.de, www.bebersee.de

DIE BESTEN

BADESEEN

Bei mehr als 500 Seen und hunderten Fluss-Kilometern ist für jeden Ausflug ein Ort zur Erfrischung dabei. Wir haben Tipps von Menschen gesammelt, die in der Uckermark leben

BADESTELLEN, DIE AUF DEM WEG LIEGEN

Seen gibt es in der Uckermark wie Sand am Meer. Und grundsätzlich ist Baden überall erlaubt, wo man sich nicht über Privatgrundstücke, durch Naturschutzzonen oder Schilfgürtel arbeiten muss. Fast jedes Dorf hat einen eigenen, traditionellen Mini-Strand. Weitere Badetipps finden sich unter **tourismus-uckermark.de** (34 Badestellen), **tourismus-lychen.de** (7) und **boitzenburgerland.de** (5). Die Wasserqualität von über 200 Badeplätzen wird auf **badestellen.brandenburg.de** gelistet.

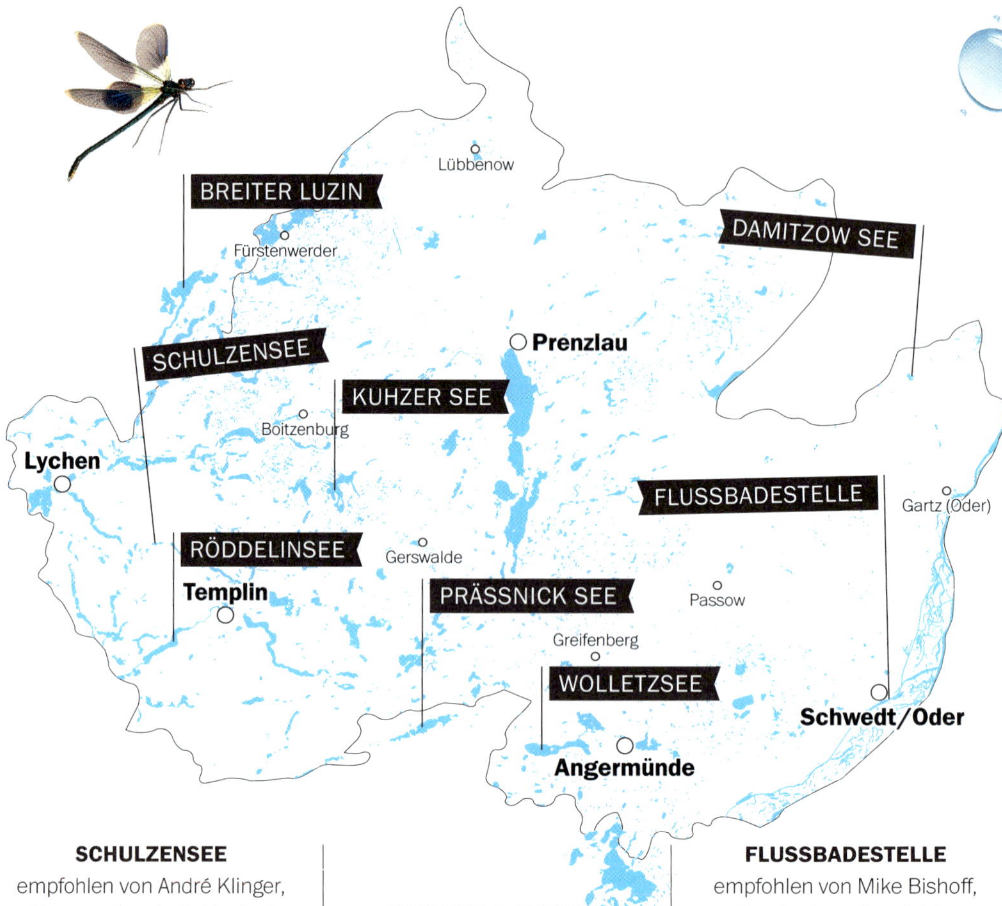

DAMITZOWER SCHLOSSSEE

empfohlen von Heidi Dietrich, Ferienhof zur Tabakblüte in Friedrichsthal

»Ein Gast von uns hat sich so in den Damitzower Schlosssee verliebt, dass er dort trotz seiner 80 Jahre jeden Tag baden geht. Das Wasser ist sehr klar, es gibt einen Steg, es kommt richtig Strandfeeling auf. Trotzdem ist der See so wenig besucht, dass man ihn oft für sich alleine hat.« Das könnte sich ändern, denn inzwischen gibt es im Schloss die Möglichkeit zur einfachen Übernachtung für Radler, die auf dem Radweg direkt vorbei kommen.

SCHULZENSEE

empfohlen von André Klinger, Bogentrainer in Koldenhof bei Lychen

»Die Naturbadestelle Schulzensee ist so schön, weil sie wirklich naturbelassen ist und trotzdem einen Ponton hat, den man schwimmend erreicht.« Der kleine See ist glasklar, liegt gegenüber dem Hotel Waldsee und hat mittags bis abends Sonne. Wenn es zu warm wird, kann man sich in den Schatten der Bäume verdrücken. Zur Straße ist es so weit, da hört man nicht ein einziges Auto«.

GROSSER & KLEINER PRÄSSNICK SEE

empfohlen von einer Frau, die nicht als diejenige erkannt sein möchte, die das Geheimnis gelüftet hat

»Der Große und Kleine Prässnick See liegen direkt am Kranichdorf Parlow, nur zehn Minuten zu Fuß durch die Felder. Die Dorfbadestelle ist ein bischen versteckt, aber eben deswegen auch im Sommer nicht zu voll. Und es gibt zwei Inseln, zu denen man schwimmen kann.«

FLUSSBADESTELLE

empfohlen von Mike Bishoff, Flussbadestellenaktivist

»Eine Flussbadestelle mitten in Schwedt, so wie früher.« Dafür setzt der Landtagsabgeordnete sich seit Jahren ein und ja: Jetzt gibt es einen Entwurf, im besten Fall kann der »Freundeskreis Flussbadestelle« die Badestelle 2019 wiederbeleben. Schon heute aber können wir von der Liegewiese in Höhe der Pizzeria »Pane e piu« in den Fluss steigen. Der Radweg läuft dort entlang, die Wasserqualität ist laut Bishof »sehr gut«.

TEXTE Marcus Franken FOTOS Ferienhaus Uckermark, Joern Klitzing, Promo, iStock (2), GRAFIK Christian Renner

RÖDDELINSEE
empfohlen von Ernst Volkhardt, Geschäftsführer der NaturTherme Templin

»Als nicht Ortskundiger würde man die Badestelle kaum entdecken, deshalb ist sie nie überfüllt.« Dabei hat der Röddelinsee in Hindenburg bei Templin einen Sandstrand, eine große Liegewiese und mit »Biberburg Tours« sogar einen Bootsverleih! Erwachsene kommen hier genauso auf Ihre Kosten wie Familien mit Kindern. Verpflegung sollte man aber dabei haben, frei nach Rainald Grebe: »Nimm dir Essen mit, wir fahren nach Brandenburg.«

BREITER LUZIN
empfohlen von Lothar Holzmeier, Ortsbürgermeister Wolfshagen

»So richtig reich gesegnet mit Badestellen ist die Gegend nördlich von Prenzlau nicht. Darum fahren die Leute aus Wolfshagen oft an den Breiten Luzin. Der liegt so ziemlich auf der Landesgrenze nach Mecklenburg. Der See ist groß und tief und klar und es kann im Sommer voll werden. Die Alternative zur Alternative: Man kann auch in Wolfshagen selber baden. Und vorher noch die vielen Denkmäler und den Lenné-Park bewundern.«

KUHZER SEE
empfohlen von Patric Wölk, Hasslebener und Mitarbeiter im Kap in Prenzlau

»Von oben sieht der Kuhzer See aus wie eine Krake, wegen der vielen Lanken.« Das Wort »Lanke« muss man den Berlinern nicht erklären, es kommt aus dem Slawischen und bedeutet Wiese, Sumpf oder Gelenk. Und wie Gelenke liegen die Ausläufer des Sees in den Wiesen. Das Wasser ist klar und weit, die Ufer sind sonnig. Lanke hin oder her: Das ist für einen Ausflug mehr als genug.

WOLLETZSEE
empfohlen von Marko Tittel, solidarischer Landwirt und Mitarbeiter bei Wildblume Naturkost & Bistro in Angermünde

»Der Wolletzsee wird von vielen Uckermärkern als Lieblingssee genannt. Das Strandbad kostet 3 bzw. 1 Euro für Erwachsene und Kinder, und das lohnt sich: Es gibt einen Sprungturm und jede Menge zum Spielen für unsere Kinder, für das eineinhaljährige genau wie für das 15jährige. Und einen Bootsverleih, etwas zu Essen und Trinken obendrein«. Gut für Radler: Das Ökozentrum Blumberger Mühle ist ganz in der Nähe.

Templin

…das familienfreundliche Thermalsoleheilbad

Templin ist seit vielen Jahren ein beliebter Ausflugs- und Urlaubsort für Gäste aus nah und fern. Das malerische Städtchen in der Uckermark verzaubert mit seiner historischen Altstadt inmitten einer Landschaft von Wasser und Wäldern. Entspannung und Erholung oder aktive Freizeitgestaltung ganz ohne Stress. In Templin, am Rande des Naturparks Uckermärkische Seen, erwarten uns Natur und Kultur der Extraklasse. Nur unweit von Berlin, im Nordosten Brandenburgs, ist der hektische Alltag ganz schnell vergessen. Templins mittelalterliche Kulisse ist so gut erhalten wie sonst kaum eine in Norddeutschland. So kommt ein Spaziergang durch die Altstadt einem unvergesslichen Ausflug in frühere Jahrhunderte gleich. Die historische Innenstadt umgibt eine vollständig erhaltene, 1735 m lange Mauer mit gotischen Backsteintoren und 47 Wiekhäusern. Nach einer Turmbesteigung der St.-Maria-Magdalenen-Kirche bekommen Sie einen fantastischen Blick auf die perfekte Symbiose zwischen der Stadt, flächenmäßig die achtgrößte Stadt in Deutschland, und der geschützten Natur um sie herum.

NaturThermeTemplin

Erlebnis. Erholung. Entspannung.

Sanft eingebettet in die hügelige Landschaft der Uckermark, umgeben von Wiesen, Seen und Wäldern, bietet die NaturThermeTemplin vielfältige Möglichkeiten zwischen Badespaß und Wellness für die ganze Familie. Unsere jodhaltige Thermalsole kommt aus einer Tiefe von 1.650 Metern und wird im Bad und in der Therapie in Konzentrationen von 1–6 % bei Temperaturen von 32–36°C verwendet. Die Sole fördert Durchblutung und Heilung, strafft die Haut und ist zudem ein wahres Gesundheitselixier für die Atemwege sowie den Bewegungsapparat.

In der großzügigen Badelandschaft erleben Sie gesundes Badevergnügen in bis zu 36°C warmer Thermalsole. Die Saunalandschaft bietet mit 7 Saunen (50-100°C) und Saunagarten jede Menge Abwechslung. Das moderne Wellness- & Therapiezentrum setzt Maßstäbe in Sachen Gesundheit. Neben vielfältigen Wellness-Anwendungen wie Hamam, Rasul, Massagen, Ayurveda und Wannenbädern gibt es hier auch ein umfassendes Leistungsspektrum für therapeutische Maßnahmen und Kurse. Damit unsere Gäste diese zahlreichen Angebote noch besser genießen können, gilt ab 17:30 Uhr der Spezialtarif für die Eintrittspreise. Von Oktober bis April gibt es an jedem ersten Freitag im Monat die Lange Nacht der Therme. An diesem Tag haben alle Bereiche bis 24:00 Uhr geöffnet und bieten allen Nachtschwärmern abwechslungsreiches Vergnügen.

natur
THERME·TEMPLIN

NaturThermeTemplin GmbH
Dargersdorfer Straße 121 | 17268 Templin
Tel. 03987 – 201 200

www.naturthermetemplin.de

AHORN Seehotel Templin im Wandel

Mit Kunst am Bau zum touristischen Highlight

In Templin ist 2015/2016 eines der größten Fassadenkunstwerke Europas entstanden. Der international renommierte Künstler Michael Fischer-Art taucht die triste Sichtbetonfassade in ein strahlend-leuchtendes, zusammenhängendes und bemaltes Fassadengemälde. Wie ein roter Faden zieht sich die expressionistische Handschrift des Künstlers durch die Hotelanlage. Der einst farblose Brunnen in der Hotellobby zieht die ankommenden Gäste ab sofort mit seinem fröhlichen Anstrich in den Bann.

Des Weiteren begeistert das größte Familienhotel Brandenburgs auf der weitläufigen Außenanlage mit einem traumhaften Badestrand am Lübbesee mit Strandbar, Bootsverleih, Beachvolleyball, Minigolfanlage, Rummenigge

Fußballfeld, einem tollen Abenteuerspielplatz für Klein & Groß und im Innenbereich verwöhnen wir unsere Gäste mit leckeren Cocktails an der Hotelbar, mit abwechslungsreichen Buffets oder regionaler Küche im Panoramarestaurant & Café. Verlockend ist das hoteleigene Kino, der Hotel-Innenpool, die Sauna, der Massage und Kosmetikbereich, sowie das vielfältige Freizeitprogramm – Tischtennis, Billard, Dart, Bogenschießen, Fahrradverleih, uvm. Alle Angebote sind auch für Tagesbesucher nutzbar.

Ferienpark Templin

Viel Platz zum Erholen, Schlemmen und Toben!

Der Ferienpark Templin liegt im Herzen der immergrünen Uckermark, direkt neben der Naturtherme, nicht weit entfernt vom Lübbesee und der historischen Altstadt. 22 hochwertige Ferienwohnungen von 63 m² und 32 Ferienhäuser bis 105 m², 4 und 5 Sterne klassifiziert sind gemütlich eingerichtet und verfügen über Balkon oder Terrasse, teilweise über Kamin und Sauna. Genießen Sie im Restaurant BarBerino die Gaumenfreuden der regionalen Küche und verwöhnen Sie sich mit einem Gläschen uckermärkischen Apfelglühwein. Erleben Sie spannende Tier-, Moor- und Klangwanderungen oder erholen Sie sich bei einer winterlichen Kutschfahrt. Die endlosen Wälder, der weitläufige Spielplatz und vieles mehr geben Naturliebhabern und Familien viel Raum sich zu entfalten.

AHORN SEEHOTEL TEMPLIN

Seehotel Templin Betriebs GmbH & Co. KG
Am Lübbesee 1 | 17268 Templin
Tel. 03987 – 4900

www.ahorn-hotels.de

FerienPark TEMPLIN

Ferienpark Templin GmbH & Co. KG
Am Kurpark 1 | 17268 Templin
Tel. 03987 – 40161 0

www.ferienpark-templin.de

tmt@templin.de • www.templin.de

Wo die Macht jagen ging

Jagdhaus, früher: Die **SCHORFHEIDE**, eines der größten Waldgebiete Deutschlands, erzählt von den Jagdprivilegien der Mächtigen, von Kaiser Wilhelm bis Erich Honecker. Jetzt regiert die Natur

TEXT & FOTOS Mirco Lomoth

»Hinten bleiben, denn vorne ist der Tod«, flüstert Marcel Uhlemann, 28 Jahre alt. Seit ein paar Jahren jagt er im Wald und auf den Wiesen von »Gut Sarnow«, einem alten Herrenhaus mit zwei Reitställen und eigenem Jagdbezirk im Süden der Schorfheide, 50 Kilometer von Berlin.

Im Morgengrauen sind wir ohne Licht in den Wald gefahren und haben an der Revierförsterei Eichheide gehalten. Marcel Uhlemann holt sein Gewehr aus dem Kofferraum, lädt es durch und geht voran in die Morgendämmerung. »Das Laub ist nass vom Regen, so hören sie uns nicht«, flüstert er. In den Wiesen in der Ferne gluckern Kraniche, Eichelhäher meckern von oben herab. Erst allmählich kommt Farbe in die Welt. Hohe, mit Grünspan überzogene Zaunpfähle stehen zwischen Bäumen, rostiger Maschendraht hängt von ihnen herab. »Der alte Schorfheide-Zaun«, sagt Uhlemann. Die Schorfheide war über Jahrhunderte ein eingezäunter Wald, der Wildbestand wurde so für die Jagd künstlich hoch gehalten. Erst nachdem der letzte Ministerrat der DDR das Biosphärenreservat Schorfheide geschaffen hatte, wurden die Zäune geöffnet und das Wild dezimiert, damit der Wald sich vom Verbiss erholen konnte. Im Schlamm des Weges sehen wir Fährten von Reh- und Damwild, eine Fuchslosung. Dann beginnen Wölfe zu heulen, es muss ein ganzes Rudel sein. Angst kriecht den Rücken hinauf. Doch als wir aufs Feld hinaustreten, bricht die Sonne über dem Waldrand hervor. Und die Angst weicht.

Auf alten Pflasterstraßen und Waldwegen kann man sie durchqueren, durch dichte Buchen-, Birken und Kiefernwälder wandern, vorbei an alten Eichen, einsamen Waldseen und mit Wasserlinsen überwachsenen Tümpeln zu offenen Heidelandschaften, wo Erika auf Flugsanddünen wächst. Die Schorfheide zählt zu den größten Waldgebieten Deutschlands. Seit Jahrhunderten hat der Mensch hier Bäume geschlagen und Tiere zum Weiden in den Wald gebracht, Kühe, Pferde, Schweine und Schafe,

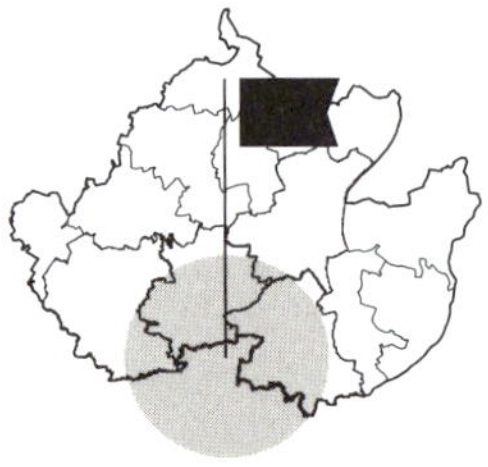

»Schoofe« – vielleicht kommt daher der Name Schorfheide. Und wie der Grumsin war sie Jagdgebiet, vom Mittelalter bis zur DDR: Zum Jagdhaus Wildfang zog Honecker sich zurück, um Pilze zu sammeln und zu jagen. Die letzten drei Hirsche schoss er noch am 8. November 1989.

In der Küche des Hotels »Gut Sarnow« reibt Küchenchef Guido Schubert Wildbraten mit Gewürzen ein. Das Fleisch kommt von einem jungen Damhirsch, den Uhlemann geschossen hat. Schubert ist seit mehr als 20 Jahren Koch in der Schorfheide, seine Spezialität sind Wildgerichte. »Die Keulen werden zu einem Braten mit Schwarzbiersauce, das Schulterblatt zu Ragout, und den Rücken gibt es kurz gebraten mit Pfifferlingen«, sagt er. Sarnow war zu DDR-Zeiten ein volkseigenes Gut mit Pferdezucht, davor ließ Hermann Göring in seiner Funktion als Reichsjägermeister Winterfutter für seine Wisente anbauen. Göring wollte die Schorfheide in einen germanischen Urwald verwandeln, in dem Wildpferde und Wisent-Herden grasen – die »Göringheide«. Noch kurz vor Kriegsende präsentierte er die Pläne für ein riesiges Museum in seinem Waldhof »Carinhall« am Großdöllner See. Auch er blieb hier bis zuletzt: Vier Wisente schoss er im April´45.

Forst in der Schorfheide und ein Bronze-Hirsch am Jagdschloß Hubertusstock, das die DDR im Stil der Kaiserzeit wieder aufgebaut hat

Betontrümmer und verrosteter Stahl liegen im Wald verstreut, wo bis in die letzten Kriegstage der Waldhof »Carinhall« stand. Die Russen haben ihn gesprengt. Nur zwei massige Wachhäuser aus Muschelkalk sind erhalten, sie stehen am Ende einer zweireihigen Kastanienallee. Die Dauerausstellung »Jagd und Macht« im Jagdschloss Groß Schönebeck zeigt die erstaunliche Kontinuität der Mächtigen. Waggons von Görings Modelleisenbahn sind dort zu sehen und die gesammelten Trophäen von DDR-Wirtschaftsplaner Günter Mittag. Fotos zeigen Kaiser Wilhelm II., wie er zur Strecke gebrachtes Wild abschreitet, er soll in seinem Leben ganze 78.330 Stück Wild erlegt haben; in der Brunftzeit verlegte er sogar die Kronratssitzungen in das Jagdschloss Hubertusstock beim Werbellinsee. Er schoss seine letzten Schorfheide-Hirsche 1913.

Wir fahren durch das Revier Prötze, 1500 Hektar Wald. Alte preußische Jagdsteine ziehen an uns vorbei, sie markieren die Waldabschnitte. »Nach der Staatsjagd zu DDR-Zeiten sah es hier immer so aus, als »wäre einer mit dem Rasenmäher durchgegangen«, erzählt Sülzenbrück. »Da gab es kein Gras mehr, keine Brombeeren, keine jungen Bäume und enorme Schäden durch Wildverbiss.« Seit der Wende ist Sülzenbrück nun schon damit beschäftigt, aus den alten Monokulturen einen lebendigen Mischwald zu schaffen. Dafür hält er auch den Wildbestand auf einem für den Wald verträglichen Niveau.

Ein Ort, an dem man Waldeinsamkeit und Jagdgeschichte der Schorfheide besonders spürt, ist Hubertusstock, das Jagdschloss. Ein röhrender Bronzehirsch aus der Kaiserzeit steht vor dem Eingang, im Foyer das grüne Sofa, auf dem im Dezember 1981 Bundeskanzler Helmut Schmidt saß. Honecker lud seine Staatsgäste nach Hubertusstock ein. Leonid Breschnew war hier, Franz Josef Strauß, Raúl Castro. Auch heute spürt man noch viel von der Aura dieses einst so abgeschirmten Ortes. Das Stasi-Wachhäuschen neben dem Eingangstor ist erhalten, im Haupthaus verbrachten die Honeckers ihre Weihnachtsfeiern. Drei der DDR-Gästebungalows wurden saniert. Wer hier übernachtet, schaut vom Bett durch die Fenster in einen Wald aus alten Kiefern und Eichen, der bis ins Zimmer zu ragen scheint. Mit all der Geschichte, die er in sich trägt.

TIPPS

Jagd und Macht
Ausstellung im Schloss
jagdschloss-schorfheide.de

Wildpark Schorfheide
Wer im Wald leer ausgegangen ist, sieht hier Wölfe und Wisente,
wildpark-schorfheide.de

Hotels
Gut Sarnow
(gut-sarnow.com) und
Hotel Döllnsee
(doellnsee.de),
ab 60 bis 80 Euro je DZ

»Schnitzel-Pommes kam nie in Frage«

Die Uckermark ist der beliebteste Sommerhaus-Standort der Berliner. Aber wie ganz Brandenburg galt sie lange als **KULINARISCHE DIASPORA**. Das hat sich inzwischen geändert

TEXT Judka Strittmatter | FOTOS Marcus Franken

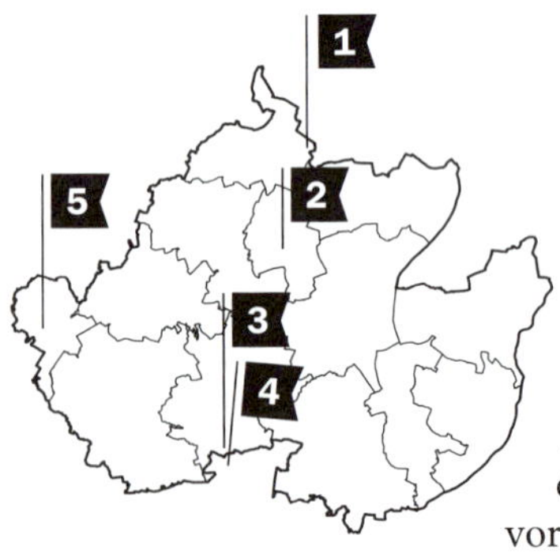

Von Nord bis Süd: Die Stationen unserer **GENUSS-TOUR** durch die Uckermark.

1

Café zum Speicher
Nechlin 11
17337 Uckerland
Di-Sa 10-21 Uhr
So 10-18 Uhr
Hauptgang ab 12,90 Euro

2

Seerestaurant »Am Kap«
Uckerpromenade 84
17291 Prenzlau
Mo-So ab 11.30 Uhr
Hauptgang ab 12,50 Euro

Ich mag Brandenburg. Ich bin dort geboren, ich habe hin und wieder dort gelebt, Brandenburg ist in Ordnung. Ich würde es immer verteidigen, vor allem gegen Leute, die dort nur Glatzenland ausmachen. Das ist falsch und arrogant und stimmt vor allem nicht für die Uckermark. Wohl kaum hätte sonst fast tout Berlin, vor allem der Kreativbereich des Prenzlauer Bergs, seine Datscha dort. Nur bei einer Sache kann und will ich die Brandenburger nicht in Schutz nehmen: in ihrem kulinarische Grundverständnis. Das tendierte lange, mit Verlaub, gegen Null. Ich bin kein Gourmet, Hausmannskost reicht mir völlig, aber sie sollte nichts mit zerkochtem Gemüse, braunen Mehlsaucen und dreimal wiederbelebtem Fleisch zu tun haben. Oder mit Tiefkühlkost, Fritteuse oder Bain Marie (Aufwärmbad).

Doch dem war leider so, und zwar über Jahrzehnte, und ich werde nie vergessen, wie der längst verblichene und sicher nicht unarrogante Wolfram Siebeck einst im Zeit-Magazin die gesamten Neuen Bundesländer in einer Grafik mit einem Verbotsschild belegte, wie man es aus dem Straßenverkehr kennt. Er hatte ja schon irgendwie Recht, aber kränkend war es trotzdem. Die Essgewohnheiten in der DDR waren eben mau, außer, eine ambitionierte Mutter stand am Herd. Wir hatten doch nüscht, höchstens Kohl, roten und weißen. Nur ist das inzwischen 27 Jahre her, im Fernsehen jagt eine Kochshow die andere, und um gutes Essen wird inzwischen ein Bohai gemacht, als würden Menschenleben davon abhängen. Das alles, meine ich, könnte längst auch über die Berliner Stadtgrenze ins Umland geschwappt sein. Und das ist es auch, zumindest punktuell. Die Guten muss man suchen.

ALSO MACHE ICH MICH LOS. Fahre von Berlin aus gen Norden und werde bei Eintritt ins Uckermärkische erst einmal gnadenlos eingelullt: Denn es geht durch den blühenden Frühling, auf diese liebliche Hügeligkeit, die es nur in dieser brandenburgischen Ausnahmegegend gibt. Knorrige Kopfweiden, staksende Reiher, Backsteinhäuschen – die Zutaten, die einen gehetzten Städter sehnsüchtig und milde stimmen. Und dann steht man plötzlich vor dem wildromantischen Areal im kleinen Nechlin, das die Kriesers beackern und denkt: Selbst wenn die hier nur ranzige Schmalzstullen anbieten würden, ihr »Café zum Speicher«, eine ehemalige Kartoffelbrennerei, ist ein Schmuckstück. Mit brütendem Storch, umrandet von Feldsteinmäuerchen und einem sorgsam restauriertem Gutshaus, das mal derer von Arnims gehörte. Und die Kriesers, von denen Marko aus Schwedt stammt und Andreas aus Nechlin, arbeiten mit einem Koch, der seine Erfahrungen in der Sterne-Gastronomie gesammelt hat. Ihre Speisekarte verheißt so Gutes wie »Nechliner Fischsuppe« und »Uckermärker Schweinekotelett Strindberg«. Da es noch früh am Tag ist, starte ich allerdings mit Selbstgebackenem, denn Frühstück im Sinne von Brötchen, Müsli & Co. gibt es leider nur für Übernachtungsgäste. Die Blaubeer-und Mohn-Aro-

FOTO Hagenbeck/Am Kap

Karte im »Café Kunstpause. Links: Marko Krieser mit Selbstgemachtem

Räthels »Grüner Baum« (oben), »Am Kap« in Prenzlau

men des Kuchens machen mich dennoch glücklich, sicher auch, weil um mich herum Kachel- und Kaminöfen gemütlich bollern.

Oft kann man die Qualität des Essens ja schon vom Interieur ableiten, im »Speicher« trifft das zu. Und weil die Kiesers tüchtige Männer sind, bieten sie für ihr Dorf und Umgebung auch Essen auf Rädern an und richten ganze Hochzeiten und andere Events aus. Beide wissen um die lange unterbelichtete Esskultur Brandenburgs und wollten schon immer andere Wege gehen: »0815 oder Schnitzel-Pommes kam für uns nie in Frage«, sagt Marko Krieser.

AM ABGELEGENEN ENDE der Uckerpromenade in Prenzlau linst das Seerestaurant »Am Kap« aus der Botanik. Es liegt direkt an einem Wäldchen, hat eine große alte Steinterrasse, einen Steg in den Unteruckersee und einen wunderbaren Ausblick auf anrainende Dörfer, die ihren Ursprung alle mal im Slawischen hatten. Chefin Kristine Hagenbeck ist gebürtige Hamburgerin, stammt aus der berühmten Tierpark-Familie und lebt seit 1994 in der Uckermark. Sie ist ein Gastro-Urgewächs, gelernte Köchin, Betriebswirtin, und hat das Kap-Haus, das schon 100 Jahre alt ist und immer Restauration war, 2001 mit ihrem damaligen Ehemann gekauft und aufwendig saniert. Der Gastraum ist hell und licht und gegen Mittag schon ziemlich gut besetzt. Die Kartoffelsuppe mit gebratenen Pilzen der Saison kann als äußerst akzeptabel gelten, sie kostet 6 Euro. Das Drumherum ist maritim gestaltet, vielleicht ein bisschen zu »dekorating«, aber ➤

3

Landgasthof
»Zum grünen Baum«
Dorfstraße 57
17268 Temmen-Ringenwalde
Mo, Mi, Do 12-14.30 Uhr
und ab 17 Uhr
Fr, Sa, So ab 12 Uhr
Hauptgang ab 12 Euro

Jörg Hartzsch im »Café Kunstpause«

4

Bäckerei Hakenbeck
Dorfstraße 83
16247 Friedrichswalde
Di-Fr 6-17.30 Uhr
Sa bis 11.30 Uhr

5

Café Kunstpause
Berliner Straße 60
17279 Lychen
Mi-So 11-18 Uhr
Mittagessen 9 Euro

hier geht das in Ordnung, gibt es doch entlang der Uckerpromenade auch ein Seebad und einen Bootsverleih. Und der See ist groß genug, dass er mit viel Wohlwollen auch als Mini-Meer durchgehen kann.

BEI DEN RÄTHELS IN TEMMEN-RINGENWALDE, gerade mal 300 Einwohner, sieht die Sache wiederum ganz anders aus. Die neunköpfige Familie läd in ein offenes Haus, das sie als gastfreundliche Großfamilie betreibt und hat ihrem »Landgasthof zum grünen Baum«, der auch eine Slow-Food-Urkunde vorweisen kann, eben diesen Stempel aufgedrückt. Wer die Gaststube betritt, wähnt sich auf Familienbesuch.

Auf knarrenden Holzdielen stehen Omas Buffett und Polsterstühle, in einer Schale liegen selbstgestrickte Socken zum Verkauf, alles ist auf angenehme Art und Weise rumpelig. Die großen Kinder helfen am Tresen, spalten Holz im Hof – und Vater Markus Räthel schält Spargel in der Küche. Der kommt hier nicht aus Beelitz, sondern aus dem Oderbruch und wie die meisten anderen Zutaten ihrer Küche von Leuten, mit denen die Räthels bekannt oder befreundet sind. Schon seit Ende der Neunziger wohnen sie in der Uckermark, anfangs auf einem Demeter-Hof, sie aus Randberlin, er aus Karlshorst, sie war mal Krankenschwester, er früher viel auf Montage.

Dann stand 2009 der Gasthof zum Verkauf, die Familie ging in sich, und eines Tages, als Katharina Räthel gerade mit einer Freundin beim Mirabellenpflücken war, stand der Entschluss fest: »Ich kauf den jetzt«, sagte sie urplötzlich und marschierte los. Den Anfang machte das Paar mit einem befreundeten Koch, dann gingen sie alleine weiter. Kochten, wie sie es immer schon für sich selbst getan haben – frisch, saisonal, regional. Und deswegen schmecken ihre Gerichte, ob es das Wiener Schnitzel ist, die Kräuterpfannkuchen oder die Hugenottenkartoffeln, wie zuhause. Das dazu gereichte Brot lassen sie sich in der Bäckerei Hakenbeck im nahen Friedrichswalde backen, das Rezept haben sie selbst kreiert. Meister Hakenbeck backt in dritter Generation, schon als Kind im Laufstall verbrachte er ganze Tage in der Backstube, seine Mitarbeiter lässt er neue Brotrezepte vorkosten.

TRÜFFELSTATUS HABEN SOLCHE LÄDEN in Brandenburg. Bei Bäcker Hakenbeck stand schon Angela Merkel in der Warteschlange. Dass die Esskultur in Brandenburg so lange hinterher war, versteht auch Wirtin Räthel nicht, schließlich hätten die Leute schon immer ein eigenes Gemüsebeet und würden auch ihren Most selber machen. »Aber es gab eben auch Zeiten«, sagt sie, da war Essen schlicht und einfach Nahrungsaufnahme, mehr nicht.« Und war man ein paar Jahrzehnte zuvor nicht froh gewesen, überhaupt etwas zu essen zu haben? Zwischen den Hungergefühlen der Nachkriegszeit und dem heutigen Koch-, Gesundheits- und Selbstoptimierungswahn lägen nur 70 Jahre, der Hauch eines Wimpernschlages in der Menschheitsgeschichte.

Meine letzte Station auf dieser Reise entdecke ich recht beiläufig. Ich frage in Lychen, wo ich einen guten Kaffee bekommen kann. Und gerate an jemanden, der weiß, was ich meine, einen Barista-tauglichen nämlich. Er schickt mich zum Café »Kunstpause«, einem Mini-Haus, von dem früher die Früchte der darunter liegenden Gärtnerei verkauft wurden. Die sehr ansprechenden zehn Quadratmeter »Laden und Café« betreiben Jörg Hartzsch und Tanja Niclas, die aus Berlin nach Lychen, in die alte Heimat, zurückkamen. Hier gibt es Quiches und marrokanisches Couscous, aber auch hausgemachten Kartoffelsalat mit Würstchen. Kaufen kann man auch Apfelwein vom Gutshof Kraatz, Handgetöpfertes aus Thomsdorf und Kaffee aus der Himmelpforter Rösterei in Fürstenberg. Wie in allen Läden, die ich auf meiner Tour kennengelernt habe, sind die Einheimischen auch im »Kunstpause« zugegen. Die Zeiten, da die Geschäftsideen der Städter und Zugezogenen aus dem Westen nur kritisch beäugt und abgelehnt wurden, scheinen vorbei zu sein. Natürlich erst recht, wenn das leckere Zeug für »Locals«, so wie im Café Kunstpause, etwas günstiger zu haben ist.

TIPPS

In der Uckermark haben oft die Zugezogenen die Auswahl an **GASTSTÄTTEN UND RESTAURANTS** erfreulich erweitert. Gleichzeitig erlebt das eine oder andere alte Landgasthaus eine zweite Blüte

Gasthof Am Speicher

Der familienbetriebene Gasthof liegt im Kranichdorf Parlow und dem Biosphärenreservat Schorfheide. Im Sommer können die Gäste auf der lauschigen Terrasse speisen und dabei ihre Blicke auf Wälder und Wiesen, manchmal auch auf eine kleine Schafherde schweifen lassen. Fleisch, Fisch und Wild stammen größtenteils aus der direkten Umgebung, zum Beispiel vom Parlower Weidelamm. Auch für Vegetarier ist gesorgt. Der einfache, aber gemütliche Gasthof ist bei Uckermark-Reisenden und Einheimischen gleichermaßen beliebt und eine Reservierung deshalb zu empfehlen.

Parlow, Hof 35 OT Parlow, 16247 Friedrichswalde, Mi-So ab 11.30 Uhr, an Feiertagen und nach Vereinbarung. Tel. (033361) 703 74, gasthof-am-speicher.de

Landgasthof & Steakhouse Krause

Der Gasthof mit deftigen Speisen und regionaler Küche liegt ganz im Süden der Uckermark, zwölf Kilometer von Templin. Er eignet sich gut als Zwischenstopp für Radler. Den Gasthof gibt es bereits seit 1897. Zu DDR-Zeiten wurde er von der Konsumgenossenschaft bewirtschaftet, 1990 dann geschlossen. Die heutige Betreiber, Ute und Uwe Krause, übernahmen den Landgasthof 1994. Das Restaurant bietet Platz für 40 Personen, bei schönem Wetter lockt das Bier im Freien.

Grunewald, 17268 Templin OT Grunewald, Di-So 11-14 sowie ab 18 Uhr, Tel. (039883) 204, landgasthof-krause-pension-uckermark.de

Gasthof zum Grünen Baum

In dem 2014 eröffneten und inzwischen viel besuchten Restaurant im Pferdestall des ehemaligen Gasthofs wird serviert, was den Köchen frisch vom Feld unters Messer kommt: zum Beispiel Bärlauch-Gnocchi, Spargelcremesuppe mit Gierschpesto, Blutwurst-Spieße oder Havelzander. Das Bier stammt aus der eigenen Gasthofbrauerei. In direkter Nähe liegt der Radweg »Spur der Steine«. Wer nach dem Essen nicht mehr weiterradeln will, auf den wartet ein Gästezimmer.

Boitzenburg, Templiner Straße 4, 17268 Boitzenburger Land/Boitzenburg, Do und Fr 12-20 Uhr, Sa 12-21 Uhr, So 12-19.30 Uhr, Feste und Feiern nach Vereinbarung, Tel. (039889) 56 99 95, tachschoen@boitzenburger.de, boitzenburger.de

Gasthof zur Eisenbahn

Das Ausflugslokal am Rande von Ringenwalde existiert schon seit 1904. Von Mai bis September gibt es freitags bis sonntags eine saisonale Schankwirtschaft mit Speisen und Getränken aus der Uckermark: von Schnaps und Likör über Honig, Saft und Tee bis zu Käse, Fleisch und geräuchertem Fisch. Hungrige können sich über das Wochenend-Menü mit mehreren Gängen hermachen (immer in einer vegetarischen und einer Fleisch-Variante), weniger Hungrige über regionale Kleinigkeiten, Kuchen oder Eis. Ganzjährig geöffnet ist die Gaststube. Zum Gasthof gehört ein Festsaal mit großer Bühne.

Temmen-Ringenwalde, Dorfstraße 6, 17268 Temmen-Ringenwalde, Fr-So ab 12 Uhr, Tel. (039881) 279, gasthof-zur-eisenbahn.com

Seenfischerei Krempig

Frischer geht's nicht: Fische aus uckermärkischen Seen werden in der hofeigenen Räucherei des Fischerhofs nahezu täglich nach traditionellem Verfahren verarbeitet und von Mai bis September als Imbiss frisch aus dem Rauch angeboten. Im Sommer gibt es Maränen, die nur in den saubersten Gewässern leben und eine Delikatesse sind.

Beenz, Beenzhof 1, 17279 Lychen OT Beenz, Fischimbiss Mo-Sa 9-18 Uhr, Tel. (039888) 27 34, fischereikrempig.de

TEXTE Kristina Simons FOTOS Kitty Kleist-Heinrich, Ulrike Hesse, Marcus Franken, iStock

Mocca Milch Eisbar

Hier gibt es nicht nur das typische Dreigestirn Schoko, Vanille, Erdbeer, sondern auch extravagante Eissorten wie Rosenblüteneis, Petersilieneis, Holunderblüteneis, Dill-Gurken-Eis oder Erdbeer-Basilikum-Sorbet. Zusätzlich hat´s selbstgebackenen Kuchen, guten Kaffee und Getränke.

Boitzenburg, August-Bebel-Str. 31, 17268 Boitzenburg. Geöffnet von Juni bis August täglich von 12-19 Uhr, von März bis Mai und September bis Oktober: Mi-Mo 12-18 Uhr, Tel. (039889) 50 86 70, moccamilcheis.de

Grumsiner Brennerei

Im Buchenwald Grumsin bietet sich die Brennerei neben einem alten Kornspeicher als Ausflugsziel an. Für die feinen Destillate werden auserlesene Rohstoffe aus der Region verwendet. Die Brände, Geiste und Liköre werden vor Ort verkostet. An speziellen »Genussabenden«, zum Beispiel am 2. Juni und 7. Juli, werden zusätzlich edler Käse, gereifter Schinken, handgefertigte Schokolade sowie Sauerteigbrot und Sauerteigbaguette aufgetischt. Teilnehmer des ganztägigen Seminars »Backen & Brennen« können gemeinsam am Holzbackofen arbeiten und einer Verkostung und Aromaschulung im historischen Fasskeller beiwohnen. Termine im Internet und auf Anfrage.

Altkünkendorf, Wirtschaftshof 3, 16278 Angermünde OT Altkünkendorf, Tel. (033337) 51 69 99, info@grumsiner.de, grumsiner.de

Rosalienhof Beenz

Kunst und Kochen: Die Urenkelinnen der früheren Besitzer Ferdinand und Rosalie Kietzmann haben 2016 den Rosalienhof als Café eröffnet. Ursprünglich, im 19. Jahrhundert, war es ein Bauerngehöft mit einer Gastwirtschaft, die 1956 geschlossen wurde. Heute gibt es hier wieder selbstgebackene Kuchen mit allem, was der hofeigene Garten im Sommer und Herbst hergibt: Rhabarber, Erdbeeren, Stachelbeeren, Äpfel, Walnüsse. Hinzu kommen frisch gebackene Waffeln, Suppen und auch Quiches. In der Galerie werden jedes Jahr von Mai bis Oktober Werke regionaler Künstler ausgestellt.

Lychen, Chaussee 4, 17279 Lychen, geöffnet von April bis Oktober: Mi-So 14-18 Uhr, November bis März: Sa/So 14-18 Uhr, Tel. (039888) 20 06, inforosalienhof-beenz.de, rosalienhof-beenz.de

Landgasthaus Kleine Schorfheide

Das kleine Landgasthaus bietet feine, frische Küche mit saisonalen Zutaten aus der Umgebung: frischen Zander, Annenwalder Schnitzel, Sülze vom Uckermärkischen Wild und diverse »Fladen« – die uckermärkische Antwort auf den Elsässer Flammkuchen. Der Chef kocht, die Chefin backt. Die Kleine Schorfheide befindet sich in einem 250 Jahre alten Bauernhaus und liegt mitten im Naturpark »Uckermärkische Seen«.

Densow, Annenwalde 13, 17268 Templin OT Densow, Mi-Sa 11.30-21 Uhr, So 11.30-16 Uhr, Tel. (03987) 540 74, info@kleineschorfheide.de, kleineschorfheide.de

Fischerei Trellert

Trellert Junior hat seit einigen Jahren die Fischerei des Vaters übernommen und serviert den frisch gefangenen Fisch und Schuppentier aus eigener Aquakultur direkt am See: Da schmecken Zander, Aal und Maräne gleich doppelt gut. Der Fischer verleiht auch Kähne, so dass man noch schnell den schönen Sternhagener See erkunden. Idyllisch gelegen und nur auf Sandwegen zu erreichen.

Lindenhagen, Fischereiweg 1, 17291 Nordwestuckermark OT Lindenhagen, von Mai bis Oktober Do-So 11.30-20.30 Uhr, Tel. (039889) 31 18, trellert.de

FOTOS Brennerei Grumsin (2), Rosalienhof Beenz (2), Trellert, iStock

Blumberger Mühle

NABU-Naturerlebniszentrum Blumberger Mühle - das heißt: Ausstellung über den Reichtum natürlicher Lebensräume - Naturerlebnislandschaft mit Streuobstwiesen, Trockenrasen und Kleingewässer - Schauanlage Europäische Sumpfschildkröte - Blumberger Teiche - vielfältiges Umwelt-Bildungsprogramm – Führungen durch das nahegelegene Weltnaturerbe Grumsin – Restaurant »Zum grünen Wunder«

NABU-Naturerlebniszentrum Blumberger Mühle
Blumberger Mühle 2, 16278 Angermünde,
www.blumberger-muehle.de

Gutshaus Ludwigsburg

Nach Entwürfen der Berliner Architektenfamilie Knoblauch, bis 1945 Besitz der uckermärkischen Landwirts- und Berliner Kaufmannsfamilie Keibel, heute Betreutes Wohnen mit Einliegerwohnungen – Ausstellung zu beiden genannten Familien, Führungen, bei Gruppen auch mit Kaffee/Kuchen, Sonderveranstaltungen u.a., 6. Juli / 14 Uhr »Tischgespräche im Hause Luther«, 3. Oktober / 16 Uhr Festkonzert mit dem Preußischen Kammerorchester

Evangelisches Seniorenzentrum, Ludwigsburg 25,
17291 Schenkenberg, www.kirche-schoenfeld.org

Bäumi-Hof

Wohnen und Arbeiten auf unserem Hof

Lassen Sie den Trubel in der Stadt und kommen Sie raus aufs Land. In den alten ausgebauten Scheunen lädt der Bäumi-Hof zum verweilen ein.

In 6 Ferienwohnungen; 12 Doppelzimmern und 5 Apartments unterschiedlicher Größe und Ausstattung lässt es sich gemütlich wohnen und den Ausblick über den grünen Hof in die Natur genießen.

Dort wo früher Heu gelagert wurde bieten wir Gästezimmer mit Balkon und Miniküchen an.

Im großen Gastraum wo einst die Rinder standen sorgt ein moderner Holzofen an kalten Tagen für wohlige Atmosphäre. Hier können Sie sich vom Frühstücksbuffet verwöhnen lassen, und auf der großen Terrasse den neuen Tag planen.

Der Ort Seehausen hat eine eigene Bahnstation und ist von Berlin aus in einer guten Stunde direkt zu erreichen. Wir freuen uns auf Ihren Besuch – Ihr Team vom Bäumi-Hof.

BÄUMI-HOF
Seehausen

Bäumi-Hof, Dorfstraße 16, OT Seehausen,
17291 Oberuckersee, Tel. (039863) 78 302, www.bäumi-hof.de

Für Tagestourer und Ferienfahrer

Hügel ja, Berge nein. Die Uckermark eignet sich hervorragend für Velo-Touren. Die Qualität der **RADWEGE** ist hoch. Auch Herbergen für Radfahrer gibt es inzwischen in Hülle und Fülle

TEXT Lars Laute

❶ Uckermärkischer Radrundweg

Prenzlau – Boitzenburg – Fürstenwerder – Lychen – Templin – Angermünde – Schwedt – Prenzlau

230 Kilometer durch die Uckermark, 30 durch die Mecklenburgische Seenplatte: Offiziell beginnt der Uckermärkische Radrundweg in Prenzlau, als alternative Startmöglichkeiten bieten sich aber auch Angermünde oder Templin an. Vor allem Naturfreunde kommen auf dem Radrundweg, der durch mehrere Naturparks führt, auf ihre Kosten. Aber auch verschiedene historische Ortskerne sind auf der Strecke zu bewundern.

Am Start in Prenzlau lohnt die Besichtigung des Dominikanerklosters (mit Museum und Klosterfriedgarten) sowie ein Besuch der Marienkirche. Über Boitzenburg (mit Schloss und Lenné-Park, siehe Radweg »Spur der Steine«) geht es durch den historischen Ortskern von Fürstenwerder, anschließend passiert man die Naturparks Feldberger Seenlandschaft und Uckermärkische Seen. In der Mitte des letzteren liegt die »Flößerstadt« Lychen, in der ein Besucherzentrum über den umliegenden Naturpark informiert. Anschließend geht es durch die Altstadt von Templin und hinein ins Biosphärenreservat Schorfheide-Chorin, in dessen Mitte das NABU-Erlebniszentrum Blumberger Mühle liegt; seit 1997 informiert es Besucher über die nahe Natur. Von hier aus ist Angermünde nicht mehr weit: Nach der Besichtigung von Altstadt und Franziskaner Kloster (siehe Klostertour) geht es Richtung Oder und entlang der deutsch-polnischen Grenze durch den Nationalpark Unteres Odertal. Hinter Schwedt führt der Weg zwischen den Uckerseen hindurch Richtung Westen zurück Richtung Prenzlau.

FOTOS Photocase, Anja Warning, TMU/Klaus-Peter Kappest, iStock GRAFIK Christian Renner

2

Oder-Neiße-Radweg

Nová Ves (Tschechien) – Criewen – Schwedt – Mescherin - Tantow – Seebad Ahlbeck (Usedom)

»Ein Weg, zwei Flüsse, drei Länder«, lautet das Motto des Oder-Neiße-Radwegs. Die 630 Kilometer lange Strecke startet an der Neißequelle im tschechischen Nová Ves, und führt dann entlang von Neiße und Oder an der deutsch-polnischen Grenze durch Görlitz, Frankfurt und die Uckermark bis hinauf an die Ostsee zum Seebad Ahlbeck auf Usedom.

Auf den rund 60 Kilometern durch die Uckermark passiert der Radweg Deutschlands einzigen Auen-Nationalpark, den Nationalpark Unteres Odertal, der mehr als 100 Vogel- und über 1000 Pflanzenarten beherbergt. Auf dem Weg nach Mescherin, der nordöstlichsten Gemeinde der Uckermark, geht es unter anderem durch Criewen (mit Lenné-Park und Schloss) und Schwedt (interessant hier: die Stadtmühle, mehrere Kirchen, der Europäische Hugenottenpark und das Tabakmuseum Vierraden, das über die Geschichte von Tabakanbau und -verarbeitung in der Region informiert). Von Mescherin führt die Strecke über Tantow aus der Uckermark hinaus durch Mecklenburg-Vorpommernn nach Ueckermünde wo die Ucker mündet und schließlich nach Usedom. Alternativ bietet sich ab Mescherin die Möglichkeit, einen Ausflug ins rund 30 Radkilometer entfernte Stettin zu machen und die westpolnische Metropole kennen zu lernen: Mit Piroggi, Museen und Blick auf die Oder-Mündung.

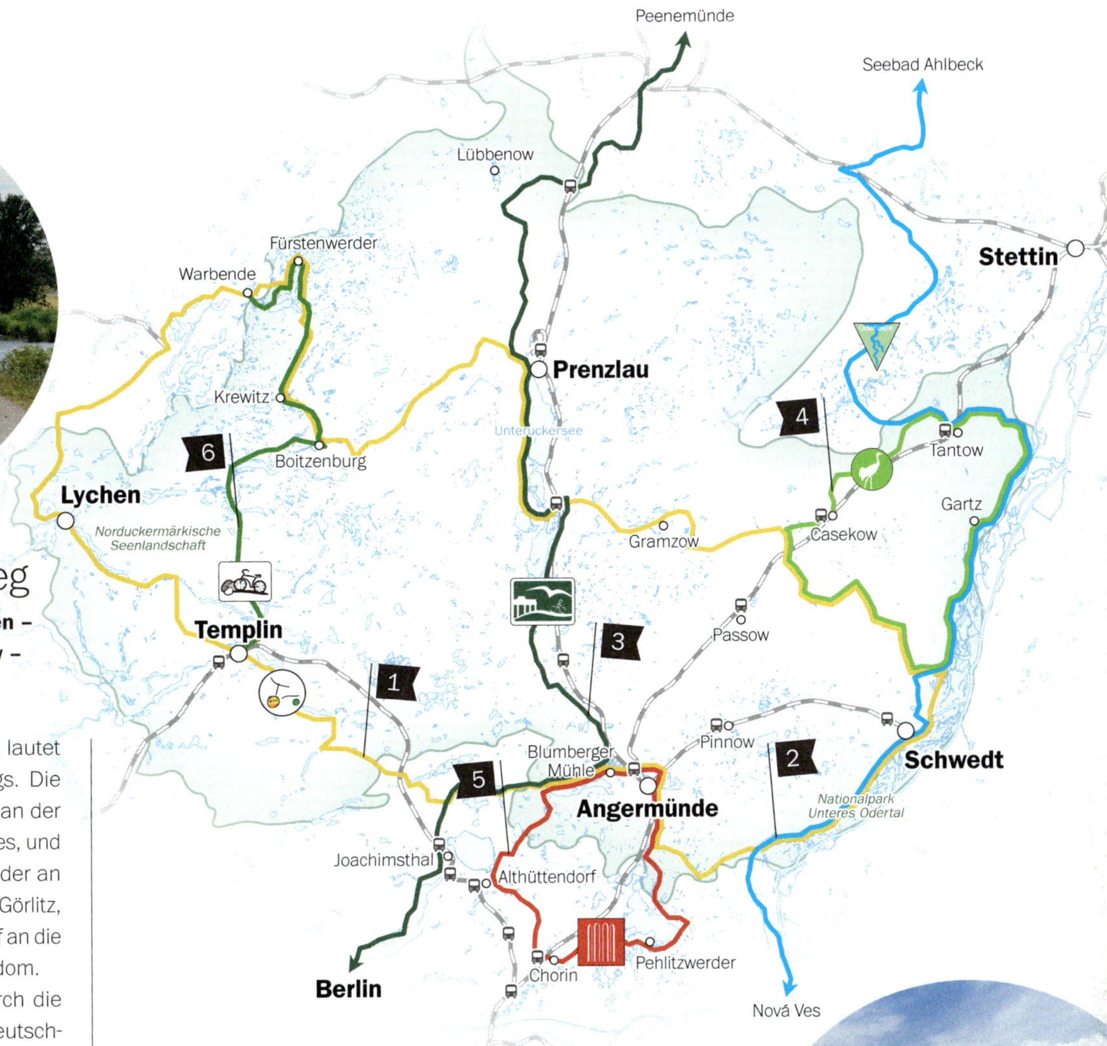

3

Berlin-Usedom-Radweg

Berlin – Blumberger Mühle – Uckerseen – Prenzlau – Nechlin – Peenemünde (Usedom)

Von der Berliner Museumsinsel bis nach Peenemünde: 337 Kilometer lang ist der Berlin-Usedom-Radweg, rund 70 Kilometer davon führen mitten durchs Herz der Uckermark. Über das Biosphärenreservat Schorfheide-Chorin und die Blumberger Fischteiche, eine Ansammlung von 20 Fischteichen auf einer Fläche von 140 Hektar, geht es hindurch zwischen Ober- und Unteruckersee, vorbei am Potzlowsee hinein nach Prenzlau. Aus der Ferne erblickt man bereits das Wahrzeichen der Stadt, die riesige St. Marienkirche im Stil der norddeutschen Backsteingotik. Ein Abstecher dorthin lohnt ebenso wie eine Fahrt über die Uferpromenade, die in Richtung des mittelalterlichen Dominikanerklosters führt. Ende der 1990er Jahre restauriert, dient die Anlage heute als Kulturzentrum und Museum. Ein Schwerpunkt der Sammlung liegt auf sakralen Plastiken, aber auch die Geschichte der Stadt Prenzlau und der umliegenden Region wird beleuchtet. Anschließend geht es durch das kleine Dorf Nechlin (mit Café »Zum Speicher«, das in einer alten Brennerei beherbergt ist und auch Zimmer zum Übernachten anbietet) aus der Uckermark hinaus und über das mecklenburgische Pasewalk zum Stettiner Haff, bis der Radweg schließlich in Peenemünde auf Usedom endet.

4

Kranichradtour

Schwedt OT Gatow – Schönow – Luckow – Schönfeld – Tantow – Mescherin – Gartz – Schwedt

74 Kilometer durch die Uckermark auf den Spuren der Kraniche, die sich vor allem im Frühjahr und im Herbst zeigen. Für Brandenburgische Verhältnisse ist die Strecke mitunter relativ hügelig, wer die Route an einem Tag fahren möchte, sollte gute Kondition mitbringen und sich früh auf den Weg machen. Beginnt man die Tour in Gatow, einem kleinen Ortsteil von Schwedt, das von Berlin aus alle zwei Stunden per Direktverbindung zu erreichen ist, gelangt man zum Tabakmuseum Vierraden (siehe Oder-Neiße-Radweg). Nach gut 20 Kilometern geht es hinein in den Ort Schönow, der neben Feldsteinbauten auch ein neogotisches Schloss beherbergt. Vorbei an Apfelbäumen führt die Strecke nach Casekow, Luckow (mit Bockwindmühle), Petershagen und schließlich Schönfeld, wo die umliegenden Felder eine gute Gelegenheit bieten, sich auf die Lauer nach Kranichen zu legen. Noch besser stehen die Chancen allerdings hinter Tantow – denn hier beginnt die Nationalparkregion Unteres Odertal. Bei Mescherin geht es direkt an die Oder und Richtung Süden weiter nach Gartz, inmitten der Endmoränenlandschaft »Gartzer Schrey«. Vor allem im Frühjahr sind hier wegen des hohen Wasseraufkommens neben Kranichen auch zahlreiche weitere Vogelarten zu beobachten. Nach gut 14 Kilometern entlang der Oder endet die Rundtour schließlich wieder in Gatow.

5

Klostertour durch die Schorfheide

Chorin – Blumberger Mühle – Angermünde – Pehlitzwerder – Chorin

Zwei Kloster und eine Klosterruine auf 63 Kilometern. Bereits am Start in Chorin, rund eine Zugstunde per Direktverbindung von Berlin entfernt, wartet eine Anlage aus dem 13. Jahrhundert. Im Jahr 1542 wurde das Kloster Chorin säkularisiert, die Anlage im Stil der norddeutschen Backsteingotik verfiel über Jahrhunderte, bis sich Anfang des 19. Jahrhunderts Karl Friedrich Schinkel für die Anlage einsetzte.

Vorbei an Altkünkendorf und Blumberger Mühle führt die Klostertour zwischen den Blumberger Fischteichen hindurch, die früher der Versorgung des Klosters Chorin dienten. Anschließend geht es nach Angermünde zum Franziskaner Kloster. Die mittelalterliche Anlage, von der heute noch Klosterplatz und Kirche erhalten sind, bietet während des »Angermünder Klostersommers« ein umfangreiches Kulturprogramm. Vom 8. Juli bis zum 1. Oktober ist die Ausstellung »Rund um das Buch der Bücher« zu sehen, in der Bibelausgaben und religiöse Schriften präsentiert werden. Sehenswert ist auch die Kirche St. Marien, die eine barocke Wagner-Orgel beherbergt. Durch die Schorfheide geht es dann zur Halbinsel Pehlitzwerder im Parsteiner See. Auf dem Naturcampingplatz sind noch die Grundmauern des Klosters Mariensee aus dem 13. Jahrhundert zu besichtigen. Der Vorgänger des Klosters Chorin fristete nur ein kurzes Dasein, die Zisterzienser siedelten bald ins zehn Kilometer entfernte Chorin um, wo auch die Klostertour endet.

6

Spur der Steine

Templin – Boitzenburg – Krewitz – Fürstenwerder – Warbende

Die »Spur der Steine« verdankt ihren Namen den zahlreichen Eiszeitfindlingen. Die rund 55 Kilometer des Radwegs, der zu großen Teilen auf einer ehemaligen Bahntrasse entlangführt, sind dank überwiegend asphaltierter Strecke gut befahrbar. Start ist am Templiner Museum für Stadtgeschichte, das im Prenzlauer Tor liegt. Vorbei an mehreren Seen führt der Radweg aus Templin heraus, wo bereits die ersten Steine am Wegesrand zu sehen sind. Weiter geht es nach Boitzenburg, wo am Ortsausgang die Kirche »St. Marien auf dem Berge« thront, deren Ursprünge bis ins 13. Jahrhundert zurückreichen. Über Krewitz führt der Weg dann nach Fürstenwerder. Hier erwartet die Reisenden am Woldegker Tor, einem von zwei noch erhaltenen Stadttoren, ein Findlingsgarten mit rund 70 Steinen; Schautafeln erklären die Geschichte der hier arrangierten eiszeitlichen Steine. Wenige Kilometer hinter Fürstenwerder endet die Spur der Steine schließlich abrupt am Wrechener See hinter Warbende (mit Lenné-Park sowie Fachwerk- und Backsteinhäusern), direkt an der Grenze zwischen Brandenburg und Mecklenburg-Vorpommern. Von hier aus sind es rund 25 Kilometer bis nach Prenzlau (überwiegend auf Landstraßen) bzw. 35 Kilometer über den Uckermärkischen Radrundweg bis nach Fürstenberg an der Havel (via Feldberg und Lychen).

FOTOS iStock, Fotolia, Patrick Pleul/dpa, J.Henschel, Hoppe

Pausieren am Wolletzsee

Genuss für Liebhaber von Natur und Design:
das KaffeeKonsum und
die Ferienwohnungen auf GutWolletz

Ein beliebtes Ausflugsziel – unter anderem für Radler und Liebhaber regionaler Köstlichkeiten: „Aus der Uckermark frisch auf den Tisch" ist das Motto im KaffeeKonsum. Mit Wildschwein-Bratwurst, köstlichen Burger-Kreationen (auch vegetarisch) und hausgemachten Kuchen werden Gäste aus Berlin, ganz Deutschland und aller Welt verwöhnt. Sie nutzen auch die fünf stylishen Apartments auf dem benachbarten GutWolletz gern für entspannte Wochenenden, Kurztrips oder Ferien. Wald und Wolletzsee bieten eine traumhafte Kulisse und erfrischendes Nass für Schwimmer, Bootfahrer (Kanu vorhanden!) und alle, die unberührte Natur lieben. Unser Geheimtipp: mit Freunden oder Familie mehrere der Apartments buchen und so entspannt und gesellig gemeinsam Zeit verbringen!

KaffeeKonsum
Zur Welse 4, 16278 Angermünde – Wolletz,
Tel. (033337) 51 90 90, www.kaffee-konsum.de
GutWolletz
Zur Kastanienallee 13b, 16278 Angermünde – Wolletz,
Tel. (0151) 14 03 77 59, www.gutwolletz.de

Radwandern an der Oder

Einfach mal raus in die Natur, durchatmen und
zur Ruhe kommen. Starten Sie Ihren Kurzurlaub in
Angermünde und radeln ins Untere Odertal.

... auf dem Oderdeich unterwegs, vorbei an den Polderwiesen mit bunt blühenden Kräutern. Rinder und Schafe weiden. Und dann der „Grützpott" auf der Bergkruppe! Hoch über dem Tal eine mächtige Turmburg. Der Aufstieg der schroffen Anhöhe führt durch den Ort Stolpe, vorbei am Schweizer Haus und dem Hof des Künstlers Lars Wilhelm. In der Galerie „Urwerk" werden Schönheit und Kraft von Holz und Stein sichtbar. Der Stolper Turm, mit seinen meterdicken Wänden, dem Wohnraum und dem Verlies ist ein imposantes Bauwerk. Die Aussichtsplattform des Bergfrieds gibt einen unglaublichen Blick über die Flussaue frei.
Alte Wasserarme, kleine Fließe und Auenwälder - das ist der Nationalpark Unteres Odertal – ein Paradies für anderswo selten gewordene Vögel.
Tipp: Turmbesichtigung, Grillabend mit frischem Fisch aus den Stolper Teichen & Übernachten im Schweizer Haus.

www.schweizerhaus-stolpe.de
www.angermuende-tourismus.de

König Gustavs letzter Halt

PRENZLAU hat sich hübsch rausgeputzt. Die Hauptstadt der Uckermark hat ihre Seeufer wiederentdeckt. Und inzwischen ist der Marktplatz vor der Marienkirche ein richtig einladendes Fleckchen

Das hätten sich Wolf Biermann und der barocke schwedische König Gustav II. Adolf auch nicht träumen lassen, dass Prenzlau mal eine wichtige Wegmarke für sie werden würde. In der Prenzlauer St. Nikolaikirche gab der ostdeutsche Liedermacher Biermann im September 1976 nach elf Jahren Auftrittsverbot sein erstes Konzert – und zugleich das letzte vor seiner Ausbürgerung aus der DDR. 40 Jahre später, am 26. November 2016, trat er erneut hier auf und unter den Zuhörern fanden sich so einige, die bereits sein historisches Konzert von 1976 miterlebt hatten. Der schwedische König Gustav II. Adolf war nicht dabei. Er residierte hier 1630, während seines Siegeszugs durch das Reich im Dreißigjährigen Krieg. Zwei Jahre später kehrte er hierhin zurück – allerdings tot. Sein Leichnam war drei Tage lang in der St. Marienkirche aufgebahrt, bis er schließlich zurück nach Schweden überführt wurde.

Die Marienkirche ist auch heute noch das weithin sichtbare Wahrzeichen der Kreisstadt und eines der bedeutendsten Bauwerke norddeutscher Backsteingotik des 13. und 14. Jahrhunderts. Sie gilt zugleich als erste dreischiffige Hallenkirche Nordostdeutschlands. In den letzten Tagen des Zweiten Weltkriegs brannte die Marienkirche aus, erst 1970 begann ihr Wiederaufbau. Sie wird heute für mehr Konzerte und Ausstellungen als für Gottesdienste genutzt. In den Sommermonaten können die Kirche und ihre Türme besichtigt werden.

Neben Nikolai- und Marienkirche haben noch einige historische Bauten den Zweiten Weltkrieg überlebt – Prenzlau war zu fast 85 Prozent zerstört. Das ehemalige Dominikanerkloster wurde vollständig restauriert und ist heute Kulturhistorisches Museum und Kulturzentrum, Sitz von historischem Stadtarchiv und Stadtbibliothek. Teile der Stadtmauer aus dem 13. bis 15. Jahrhundert mit Wiekhäusern und Türmen stehen ebenfalls noch und sind einen Spaziergang zwischen Stadtpark und Seepromenade wert. In der ehemaligen Landarmenanstalt aus dem 19. Jahrhundert residiert heute das Rathaus.

Prenzlau liegt am Unteruckersee, dem größten Uckermärkischen See. Hier kann man auf der Uckerseepromenade flanieren, im See baden, segeln oder surfen, außerdem gibt es einen Hafen für Motorboote und Segeljachten. Gut für Stadtflüchtige – Prenzlau liegt nur etwa 100 Kilometer nördlich von Berlin und rund 50 Kilometer westlich vom polnischen Stettin.

TEXT Kristina Simons FOTOS TMU/ Robert Döring (2), TMU, Mauritius Images

DIE BESTEN ADRESSEN DER STADT

Kultursommer im Kloster
Beim 18. Kultursommer im Dominikanerkloster finden bis Ende September Konzerte, Liedermacherabende und Theateraufführungen statt.
Kloster, Uckerwiek 813, 17291 Prenzlau, Tel. (03984) 75 22 41, dominikanerkloster-prenzlau.de

Naturerlebnis
Streichelgehege, Duftgärten, Pfad der Sinne, Abenteuerspielplatz und mehr als 250 Haustiere.
Familienpark, täglich 10-18 Uhr, Am Scharfrichtersee 2a, 17291 Prenzlau, Tel. (03984) 80 60 00, naturerlebnis-uckermark.de

Zweiräder leihen
Tourenräder, E-Bikes, Tandems und Anhänger bei »Rad der Stadt« am Bahnhof.
»Rad der Stadt«, Stettiner Straße 50, 17291 Prenzlau, Tel. (03984) 83 47 77, rad-der-stadt-prenzlau.de

Selber schippern
Verschiedene Boote mieten oder Touren buchen.
Kanu & Rad Station Solaris, Neustädter Damm 17, 17291 Prenzlau, Tel. (0174) 180 21 80, solaris-prenzlau.de

Schippern lassen
Mit dem Ausflugsschiff über Ober- und Unteruckersee.
MS »Onkel Albert«, Reeder Torsten Kohn, Uckerpromenade 44, 17291 Prenzlau, Tel. (03984) 83 20 89, uckerseeschiff.de

Hofladen
Regionale Leckereien: Käse, Milch, Gemüse und Fleisch aus der Region.
Q-Regio, Friedrichstraße 11, 17291 Prenzlau, Tel. (03984) 83 16 79, q-regio.de

Seebad Prenzlau
Viel gelobtes Freibad mit Strand, Liegeweisen und Sprungturm am Ostufer des Unteruckersees.
Seebad, Uckerpromenade 46, 17291 Prenzlau, Tel. (03984) 83 48 64, seebad-prenzlau.de

Eiscafé Kolbe
Der Prenzlauer, der italienisches Eis aus Berlin nicht zu fürchten braucht. Gelegen direkt am Radweg Berlin-Usedom und in der Nähe der Promenade des Uckersees.
Kolbe, Neustadt 38, 17291 Prenzlau, Tel. (03984) 69 82

Wochenmarkt
Dienstag und Freitag auf dem Marktplatz vor Marienkirche

Lew Bioladen
Zum Auffrischen des Proviants oder für ein gutes Mittagessen.
Neustadt 30, 17291 Prenzlau, Tel. (03984) 83 25 83, lwebio.de

Ruhiges Fachwerkstädtchen

ANGERMÜNDE ist eine Oase: Mit gut erhaltener Altstadt, einigen sehr netten Geschäften, Cafés und Gaststätten

In Angermündes Altstadtgassen herrscht eine sonnige Betriebsamkeit, die Fassaden der Häuser präsentieren sich städtisch, Tore geben den Blick in Innenhöfe frei. Angermünde hat eine Fachwerkaltstadt, um die sie jeder Uckermärkische Bürgermeister beneidet. Dass die Altstadt so gut erhalten blieb, lag an einem Bäckermeister und einem Juwelier: Zum Kriegsende gingen sie der russischen Armee entgegen und übergaben Angermünde kampflos.

Der Weltgeist hat einen Narren an Angermünde gefressen. Als die Pommern die Uckermark besiedelten und christianisierten, fanden sie kein menschenleeres Gebiet vor, hier lebten die Slawen, Ortsnamen wie Passow und Kumerow zeugen davon. Die missionierenden Franziskaner bauten früh ein Kloster, brachten Kultur, sollen später aber auch bei der Ketzerverfolgung gegen die Waldenser beteiligt gewesen sein. Die hoch aufschießenden Backsteinsäulen der mittelalterlichen Kirche »Sankt Marien« sind geblieben, sie schaffen einen gigantischen Raumeindruck. Auf der Wiese vor dem Gotteshaus findet sich ein mächtiger Findling, wie er typisch ist für die Uckermark. Angermünde präsentiert sich hell, renoviert und belebt. Berliner gehen Kaffe trinken, kaufen ein und fahren mit dem Rad raus auf´s Land.

DIE BESTEN ADRESSEN DER STADT

Altstadtflair
An zweieinhalb Kilometer Stadtmauer entlangschlendern, in Gassen spazieren, in Höfe gucken, die Kirchen besuchen, und eine Führung buchen, die von der Zeit der Ketzer erzählt. Infos unter angermuende-tourismus.de oder im Tourismusbüro

Kunst, Kaffee und Kuchen
Sonntags gibt es in diesem Atelier mit Galerie auch Kaffee und Kuchen.
Louisenhof 2, 16278 Angermünde OT Altkünkendorf, Tel. (033337) 339, louisenhof2.de

KaffeeKonsum
Wildschweinbratwurst essen und im DDR-Kochbuch schmökern im ehemaligen Laden für »Waren des täglichen Bedarfs«.
Zur Welse 4, 16278 Angermünde, OT Wolletz, Tel. (033337) 51 90 90, kaffee-konsum.de

Fischsuppe
Essen mit Seeblick.
Restaurant am Mündesee, Seestraße 11, 16278 Angermünde, Tel. (03331) 225 06, restaurant-am-muendesee.de

Tierpark
Weitläufiger Park mit altem Baumbestand und allen sechs Kamelarten der Welt, vom Alpaka aus Südamerika bis zum Trampeltier aus Zentralasien.
Puschkinallee 12b, 16278 Angermünde, Tel. (03331) 32 14, tierpark.angermuende.de

Naturkost & Bistro
Einkaufen bei zwei überzeugten Angermündern: Neben Bio-Produkten – inklusive Eis aus der Uckermark – servieren Tanja Kaiser und Marcel Schwichtenberg vegetarisches Mittagessen (5,50 Euro), etwa Kartoffel-Apfel-Auflauf mit Feta.
Wildblume, Brüderstraße 5, 16278 Angermünde, Tel. (03331) 729 73 05, wildblume-angermuende.de

Verlagsbuchhandlung Ehm Welk
Alles über die Uckermark. Regionalia und Bücher aus dem eigenen Verlag gibt es bei der engagierten Buchhandlung Ehm Welk.
Rosenstraße 3, 16278 Angermünde, Tel. (03331) 36 54 80, buchschmook.com

Regionales Fliedermus
Die französischen Hugenotten mussten beim Kochen den Rotwein durch Fliedermus ersetzen. Früher gab es das Mus in der Touri-Info von Angermünde. Heute muss man sich direkt an die Produzentin wenden.
Gerlinde Korb, Ludwigsburg 6, 17291 Schenkenberg OT Ludwigsburg, Tel. (0172) 100 06 32, landurlaub-uckermark.de

TEXT Barbara Schaefer FOTOS J. Henschel, Fotolia, Barbara Schäfer

Kultur und Geschichte erleben!

Dominikanerkloster Prenzlau –
Kulturzentrum und Museum

Das ab 1275 erbaute und Ende der 1990er Jahre aufwändig restaurierte Dominikanerkloster zählt zu den besterhaltenen mittelalterlichen Klosteranlagen in Nordostdeutschland. Als bedeutender Kultur- und Museumsstandort heißt das Kloster Ruhesuchende, Kunstliebhaber oder Musikfreunde willkommen. Konzerte, Theater, Ausstellungen, der Kinderspaß im Kloster, das Kabarettanrecht, die Groschenkonzerte, der Lesezauber, Literatur im Kloster und vieles mehr spiegeln die Angebotsvielfalt des Kulturzentrums wider. Das Historische Stadtarchiv und die Bibliothek werden gern genutzt. Für Trauungen bietet das Kloster ein besonderes Ambiente. KlosterCafé und Klostergarten laden zum gemütlichen Verweilen ein.

Dominikanerkloster Prenzlau

Dominikanerkloster Prenzlau, Uckerwiek 813, 17291 Prenzlau
Tel. (03984) 75 22 41, www.dominikanerkloster-prenzlau.de

Urbaner Landhausstil in der Uckermark

mein.lychen ist neu in Lychen; ein bed and breakfast (B&B), das anspruchsvollen Gästen Unterkunft in ländlich-urbanem Ambiente bietet. Vier außergewöhnliche Gästezimmer, zwei Studios, die Bibliothek, das Jagdzimmer mit Schwedenofen, eine Sauna mit Schwalldusche und Ruheliegen sowie Anlegemöglichkeiten für Paddler und ein wunderbarer großer Garten am Wasser.

Mehr als eine Pension, anders als eine Ferienwohnung; schon fast wie ein Boutique Hotel – mein.lychen: ankommen.entspannen.bleibenwollen!

Natur, Entspannung und Erholung, guter Service, traumhaft schlafen und mit Genuß frühstücken sind für uns kein Luxus sondern Selbstverständnis.

mein.lychen
ankommen.entspannen.bleibenwollen

mein.lychen, Berliner Str. 43, 17279 Lychen,
Tel. (03 98 88) 52 21 88, www.meinlychen.de

DIE BESTEN ADRESSEN DER STADT

Flößereimuseum
Ein altes Feuerwehrhaus beherbergt das Flößermuseum. Flößen war bis 1970 eine wichtige Einnahmequelle.
Juni bis Okt Di-So 10-18 Uhr, Clara-Zetkin-Straße 1, 17279 Lychen, Tel. (039888) 49 99 73, floesserverein-lychen.de

Helenenkapelle
1904 als Anstaltskapelle der Heilstätten Hohenlychen erbaut, die seit 1993 verlassen ist. Um die Kirchenrenovierung kümmert sich ein Förderverein. Heute kann man Musikern lauschen, Ausstellungen bewundern und sich trauen (lassen).
Mi-So 9-15 Uhr, Förderverein Helenenkapelle Hohenlychen e.V., Bahnhofstrasse 5, 17279 Lychen, Tel. (039888) 52 00 43, kapelle-hohenlychen.de

Solarbootfahren
Zu faul zum Rudern? Keine Lust auf Tretboote? Müde? Abgespannt? Wie wäre es mit einer Fahrt mit dem Solarboot? Eine Stunde für vier Personen kostet 15 Euro, ein ganzer Tag 70 Euro.
Bootsvermietung am Nesselpfuhl, Berliner Str. 1a (Friedrich-Ebert-Park), 17279 Lychen, Tel. (039888) 38 93, solarboote-lychen.de

Bootspassage
In der alten Mühle kann man auch einkehren. Die Mühlenwirtschaft bietet grundsolides Essen, im Café Kaffeemühle sitzt man sehr hübsch bei Kaffee und Kuchen.
Mi geschlossen. Stabenstraße 2, 17279 Lychen, Tel. (039888) 52 48 76, info@muehlen-mahlzeit.de, muehlen-mahlzeit.de

Seefischerei Uwe Krempig
Fangfrischer und geräucherter Fisch im Hofladen, übernachten kann man auch.
Mo-Sa 9-18 Uhr, So 10-15 Uhr, Beenzhof, 17279 Lychen, Tel. (039888) 27 34, fischereikrempig.de

Lauf-Treff
Der Lychener Seen-Laufverein e.V. organisiert bis zu 30,5 km lange Wertungsläufe im »Brandenburg-Cup« und »Uckermark-Cup«. Circa 500 Läuferinnen und Läufer nehmen teil. Der Lychener-Seen-Lauf findet schon Ende April statt. Die anderen Termine für den Brandenburg-Cup unter bb-cup.de

Bogenschießen tut gut
André Klinger (siehe auch Badetipp auf Seite 34) ist ausgebildeter Trainer für »Intuitives und therapeutisches Bogenschießen« am Dolgener See, Feldberger Seenplatte, an. Schnupper-, Einzel- oder Gruppenkurse 10/60/180 Euro.
Fischerweg 9, 17258 Feldberger Seenlandschaft OT Koldenhof, Tel. (039820) 304 04, kontakt@altersnativen.de, altersnativen.de

Insellage

LYCHEN ist Ausgangspunkt für Touren in die Uckermärkische Seenlandschaft. Hauptverkehrsmittel: Kanu und Rad

Flößerstadt nennt sich Lychen, ein Ort wie eine Insel – das Städtchen liegt am Kreuzungspunkt von sieben Seen. Seit 1720 wurden hier Holzstämme auf dem Wasser bis Hamburg und Berlin transportiert, das Flößerfest erinnert jedes Jahr daran. Im August 2016 kam ein weiterer Wasserweg dazu, über Land: eine Bootspassage, die Kanuwanderern das Übersetzen erleichtert. Der hölzerne Steg mit einem Rollensystem führt unter der ehemaligen Getreidemühle hindurch vom Nesselpfuhl in den Oberpfuhl.

Dass der kleine Ort recht bekannt wurde, liegt aber nicht am Wasser, sondern an der guten Luft. Hier wurden Heilbäder gebaut, schon um 1900 entstanden Kliniken, Hotels und Pensionen. Sie profitierten auch von der guten Verkehrsanbindung mit der Eisenbahn.

Sehenswert sind die uralte, heute evangelische Kirche St. Johannes, sie wurde in der zweiten Hälfte des 13. Jahrhunderts als frühgotischer Feldsteinbau errichtet. Auch von der ab 1302 aus Feldsteinen erbauten Stadtmauer sind große Teile erhalten. Dazu gehören Reste des Stargarder Tores, des Templiner Tores und des Fürstenberger Tores. Zu DDR-Zeiten entstanden in Lychen Ferienanlagen und Betriebs-Ferienlager. Heute wird viel gewandert – und mit verschiedensten Fahrzeugen gefahren. Zur Auswahl stehen Kanus, Hydrobikes, Solarboote und Draisinen. Einer Erkundung des Naturparks Uckermärkische Seen steht von Lychen aus nichts im Wege.

TEXT Barbara Schaefer FOTOS Mauritius Images, Fotolia, Promo

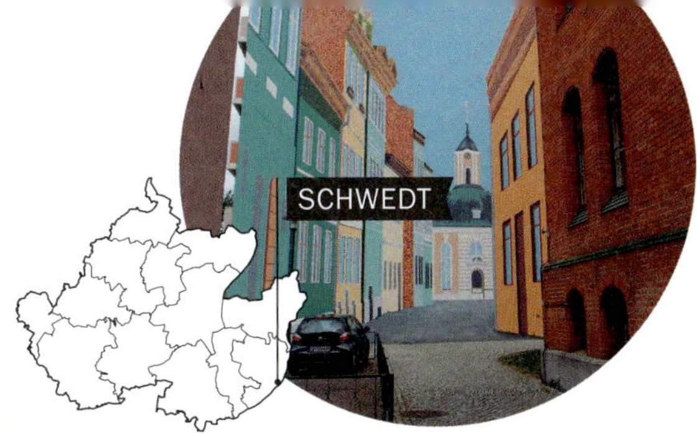

Tabak-Metropole

SCHWEDT hat Fassaden, die Stadtgeschichte erzählen. Und ist das Tor zum Nationalpark Untere Oder

Und dann flog ein Zeppelin über die Stadt. 1934 war das und wie es über Alt-Schwedt ausgesehen hat, sieht man bis heute auf den Fassaden: Die Wände der Stadt sind wie ein Bilderbuch, manche Seiten erinnern an moderne Graffitis, es gibt Mosaiken aus den 1960ern und gigantische Wandgemälde aus neuerer Zeit - Schwedt ist bunt.

Die goldene Zeit der Stadt brach im 17. Jh. an, mit Dorothea, der Großen Kurfürstin, sie baute drei Schlösser im »kleinen Potsdam in der Uckermark«. Geld floss auch durch durch den Tabakanbau in die Stadt. Kurfürst Friedrich Wilhelm hatte die französischen Hugenotten ins Land geholt, die zuhause vor religöser Verfolgung fliehen mussten. 20.000 Franzosen kamen so nach Brandenburg und führten allerhand Neues ein, darunter den Tabak, der bald überall in der Uckermark angebaut wurde. Mit drei Zigarrenmanufakturen war das Rauchkraut der wichtigste Wirtschaftsfaktor in Schwedt - erst nach der Wende wurde der letzte Betrieb geschlossen. Nach dem Zweiten Weltkrieg war die Stadt zu 85 Prozent zerstört, das Schloss wurde gesprengt. Von der alten Pracht blieben nur barocke Gartenanlagen und der Berlischky-Pavillon, eine ehemals französisch-reformierte Kirche. In Schwedts historischer Altstadt ragt vorwitzig der Kirchturm von St. Marien in die Höhe. Jüdisches Leben spielte seit dem 17. Jahrhundert eine große Rolle. Dass hier ein jüdisches Ritualbad die Nazizeit überstanden hat, gleicht einem Wunder.

TEXT Barbara Schaefer FOTOS Dina Schein, schwedt.eu, Stadt Schwedt 2006, Barbara Schaeter (2)

DIE BESTEN ADRESSEN DER STADT

Städtische Museen Schwedt

Das Museum organisiert nicht nur Ausstellungen, sondern forscht und publiziert. Lesenswert sind die Publikationen zur Geschichte der jüdischen Bürger. Das Museum verwaltet den jüdischen Friedhof, hier kann der Schlüssel abgeholt werden. Mi-Fr 10-17 Uhr, So 14-16 Uhr, Jüdenstraße 17, 16303 Schwedt, Tel. (03332) 234 60, schwedt.eu/stadtmuseum

Mikwe

Zum Ensemble des Jüdisches Ritualbades gehörte auch eine Synagoge. Das Tempeldienerhaus und das kuppelförmige Ritualbad sind einzigartige Zeugnisse jüdischer Geschichte in Brandenburg. Di 10-17 Uhr, Sa 14-17 Uhr, Gartenstraße 8, 16303 Schwedt, Auf schwedt.eu unter »Entdecken« und »Sehenswertes«

Uckermärkische Bühnen

Die Schedter Bühnen bieten klassisches Stadttheater mit Goethes Faust und Ibsen, Gastvorstellungen anderer Theater gehören zum Programm. Berliner Straße 46/48, 16303 Schwedt/Oder, Tel. (03332) 53 81 04, theater-schwedt.de

Fassadenkunst per Bus

Hop-on, Hop-off mit der Buslinie 481 oder 482 – so sind die Fassadenmalereien von Schwedt leicht zu erkunden. Das Tagesticket kostet 2,70 Euro. Wer mit dem Ticket des Verkehrsverbundes Berlin-Brandenburg anreist, kann am jeweiligen Tag kostenlos fahren. Die Busse fahren wochentags viertelstündlich, Sa und So halbstündlich (um voll und halb), Servicenummer Tel. (03332) 44 27 55, uvg-online.com

Antik Hof

Im Laden von Heinz Falkenberg findet man Antiquitäten und Trödel, meist aus Brandenburg. Mi-Fr 10-18 Uhr, Sa bis 12 Uhr, sonst nach Vereinbarung, Flinkenberg 15, 16303 Schwedt, Tel. (03332) 51 88 42

Fischladen Schwedt

Empfehlenswert: Fangfrische Fische, geräucherte Fische, Fische im Museum. Auch einen Bootsverleih bietet der Fischer seinen Gästen an. Fischer Zahn, Bollwerk 15, 16303 Schwedt, Tel. (03332) 234 25, fischergarten.de

Restaurant 1330

Unter der ehemaligen Postleitzahl von Schwedt gibt es regionale Küche wie Uckermärkische Fischsuppe, aber auch Soljanka. Mo-Fr 16-22 Uhr, Sa und So 11.30-22 Uhr, Bahnhofstraße 3, 16303 Schwedt, Tel. (03332) 83 55 88, 1330Schwedt.de

Alles rund um den Markt

TEMPLIN punktet mit einer historischen Stadtmauer, seiner Therme und meisterlicher Architektur

Alles so schön bunt hier – ein Leipziger Künstler hat die 12 400 Quadratmeter Plattenbau-Fassade des Ahorn-Seehotels mit über acht Tonnen Farbe neuerdings bunt bemalt. Grau war gestern! In der Innenstadt wird es vor allem dienstags und freitags bunt: Dann ist Markt. Und dort schlägt noch immer das Herz der Stadt »Templyn«, gegründet im 13. Jahrhundert. Die streng quadratische Anlage erhielt der Markt erst nach dem Stadtbrand von 1735, umgeben ist er von lindengesäumten Kopfsteinpflasterstraßen. Die Altstadt ist erstaunlich erhalten: Umgeben wird sie von einer 1735 Meter langen und bis zu sieben Meter hohen Stadtmauer aus Feldsteinen, die nur von wenigen Straßen durchschnitten wird. Nahe dem Berliner Tor wartet das älteste Gebäude Templins. In der backsteingotischen St.-Georgen-Kapelle aus dem 14. Jahrhundert kämpft auf einer Holzplastik aus dem 16. Jahrhundert der Schutzpatron Georg mit dem Drachen.

Moderner sind die Bauten des Architekten Ulrich Müther, der die kugelige Rettungsstation am Strand von Binz entworfen hat. In Templin stammen von ihm die in Hyparschalenkonstruktion errichteten Kuppen des Gaststättenpavillons samt Bürgergarten, eine Busreparaturhalle und der Kiosk im Strandbad.

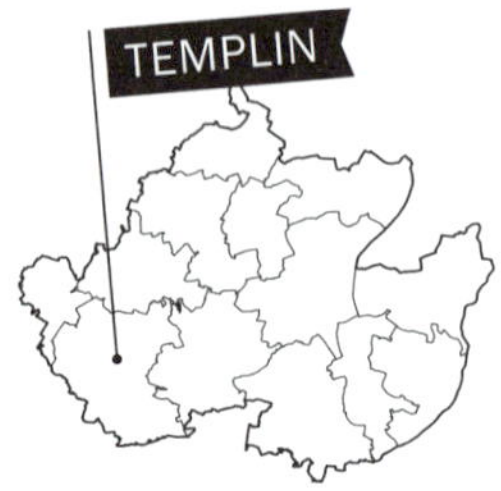

DIE BESTEN ADRESSEN DER STADT

Kinder-Stadtführung
»Wieso hat man denn eine Mauer um die Stadt gebaut? Weshalb ist die Tür vom Eulenturm ganz oben?« Solche Fragen werden bei der Kinderführung beantwortet. Ganzjährig nach Vereinbarung.
Anmeldung Touristeninformation im Rathaus, Am Markt 19, 17268 Templin, Tel. (03987) 26 31, templin.de

Museum für Stadtgeschichte
Ausstellung zur Entwicklung Templins und des Umlandes. Prenzlauer Tor, 17268 Templin, Tel. (03987) 200 05 26, museum-templin.de

NaturTherme Templin
»Gestatten: Templin, mit Vornamen Therme.« Das jodhaltige Wasser von Templins bekanntester Attraktion kommt mit bis zu 36 Grad aus 1650 Metern Tiefe. Mit Wellenbecken, Grottengang, Strömungskanälen, Whirlpools, Unterwassermassagestationen sowie zwei langen Rutschen - alles vorhanden. Die trubelige Badelandschaft lockt vor allem Kinder, die Saunazone ist eher für Erwachse und vollständig schallentkoppelt.
Mo-So 9-21 Uhr, Dargersdorfer Str. 121, 17268 Templin, Tel. (03987) 20 12 00, naturthermetemplin.de

Eldorado-Abenteuer
Wilder Westen: Stunt-Shows. Saloon-Szenen und vieles mehr. Im Juni kommt Gojko Mitic, ehedem »Chef-Indianer der DDR«.
Bitte unbedingt auf Öffnungszeiten achten! Tageskarte 12 bis 14 Euro, Am Röddelinsee 1, 17268 Templin, Tel. (03987) 208 40, eldorado-templin.de

Draisinenfahren
Auf der stillgelegten Bahnstrecke Fürstenberg-Templin werden Fahrrad-Draisinen eingesetzt. Man kann täglich ab Templin und ab Fürstenberg starten. Die Tages- (Halbtages-) tour ab Templin kostet für zwei bis vier Personen 65 (40) Euro.
An den Wulzen 23, 15806 Zossen, Tel. (03377) 330 08 50, erlebnisbahn.de

Gourmet Flammerie Templino
Guter Elsässer Flammkuchen und eine der schönsten Essens-Adressen der Stadt.
Pestalozzistraße 21, Templin, Di-Sa 11-22, So bis 18 Uhr, Tel. (03987) 235 95 16, templino.com

Ahorn-Seehotel
Direkt am Lübbesee liegt das neuerdings so bunte Hotel. Den besten Blick hat man von den Panorama-Zimmern ab der 7. Etage. Und falls der See noch zu kalt ist: Hallenbad ist vorhanden.
Am Lübbesee 1, 17268 Templin, Tel. (03987) 49 00, DZ ab 88 Euro, ahorn-hotels.com

TEXT Barbara Schaefer FOTOS Paul Hahn (3), Beate Wätzel, iStock

Nationalparkstadt Schwedt/Oder

Tipps für sonnige Laune auch an Regentagen

Die Sonne scheint im Urlaub nicht und Sie haben keine Idee, was Sie unternehmen können? Die Stadt Schwedt/Oder hält attraktive Angebote bereit und das nicht nur an Regentagen.
Wenn Sie den Wunsch nach guter Unterhaltung haben, dann sollten Sie unbedingt die Uckermärkischen Bühnen Schwedt besuchen. Hier schlägt das kulturelle Herz der Stadt. Mit eigenen Theater- und Musikshows, Konzerten nationaler und internationaler Stars sowie Kabarett oder auch Lesungen ist für jeden Geschmack etwas dabei. Besonders zu empfehlen ist im Sommer der Besuch der Freilichtbühne direkt am Wasser.

Im Stadtmuseum wird in einem großen Bogen die geschichtliche Entwicklung von der Urgeschichte, über die Epoche der Markgrafen bis in die heutige Zeit vorgestellt. Zeit sollten Sie sich auf jeden Fall für den Besuch des jüdischen Ritualbades nehmen. Es ist deutschlandweit eins der wenig erhaltenen Bauwerke dieser Art. Eine kleine Ausstellung erinnert dort an die Zeit, in der Schwedt noch jüdische Bürger hatte. Über dreihundert Jahre hat der Tabak die Oderregion geprägt. Die Kulturgeschichte des Tabakanbaus, der Tabakverarbeitung und des -handels können Sie im Tabakmuseum Vierraden, in einer denkmalgeschützten ehemaligen Tabaktrockenscheune erkunden.
Wer von Geschichte genug hat, der kann sich ausgiebig im Freizeit- und Erlebnisbad AquariUM vergnügen. Anziehungspunkt ist die 80-Meter-Riesenrutsche im Spaßbad. Sportbegeisterte können sich im Sportbad auf mehreren 25-Metern-Bahnen und im großen Fitnessbereich so richtig auspowern. Im Sauna- und Wellnessbereich sind dagegen Ruhe und Entspannung angesagt. Im Kino FilmforUM werden neben den Blockbustern auch ausgewählte kleine Filmjuwele gezeigt, welche mit besonderen Angeboten gekoppelt sind. Ein Blick ins aktuelle Programm lohnt sich auf jeden Fall!
Ein Besuch der Galerie des Kunstvereins Schwedt im Tabakspeicher ist ein kleiner Geheimtipp für alle Kunstinteressierte. Insbesondere die Ausstellung zum Landschaftspleinair spiegelt den Einfluss der wilden Landschaft des Nationalparks auf die Kunst in ganz unterschiedlichen Facetten wider.
Wem das alles nicht genug ist, der kann im Odercenter Schwedt so richtig shoppen gehen. Attraktive Geschäfte mit verschiedenen Angeboten locken täglich viele Gäste aus nah und fern an.

Weitere Tipps finden Sie auf **www.schwedt.eu**

DIE BESTEN

UNTERKÜNFTE

Wochenendtripps und Sommerferien: Viele Hotels und Pensionen in der Uckermark liegen direkt an einem See oder in der Nähe eines Flüsschens. Unsere Tipps für den Urlaub von Berlin

Stadtsee-Pension Templin

Die rote Backsteinvilla befindet sich gleich neben dem Strandbad am Templiner See und ist etwa zehn Minuten vom Stadtzentrum entfernt. Frühstück gibt's im Wintergarten oder bei schönem Wetter auch auf der Terrasse davor. Doppelzimmer inklusive Frühstück kosten in der Hauptsaison zwischen 79 und 95 Euro.

Templin, Prenzlauer Allee 22, 17268 Templin, Tel. (03987) 40 95 41, wschade@web.de, stadtseepension-templin.de

Seehotel Lindenhof

Auf einer Halbinsel im Wurlsee liegt das Seehotel Lindenhof – und nur das Hotel. Die Halbinsel liegt am Südwestufer des 95 Hektar großen Sees inmitten des Naturparks Uckermärkische Seen und gehört zu Lychen. Zwölf Appartements mit getrennten Wohn- und Schlafräumen hat das Seehotel im Angebot. Sie kosten zwischen 70 und 85 Euro pro Person inklusive Frühstück und Saunanutzung. Das zum Hotel gehörende Restaurant Tilia bietet Seeblick und regionale Speisen.

Lychen, Seehotel Lindenhof, Lindenhof 1, 17279 Lychen, Tel. (039888) 643 10, mail@seehotel-lindenhof.de, seehotel-lindenhof.de

Pferdehof Ruhnau

Der Hof liegt auf einer Anhöhe oberhalb der Uckerseen und verfügt über sechs ebenerdige Ferienwohnungen für bis zu vier Personen mit Wohnküche und Terrasse. Im Haupthaus befinden sich Kaminsalon, Billardtisch, Sauna und Schwimmbad. Auf dem Hof leben 35 Pferde, dazu Ponys, Hühner, Schafe, Ziegen und Minischweine. Die Appartements kosten für zwei Personen 75 Euro, pro Woche 525 Euro. Frühstück für 7 Euro pro Person (3,50 Euro für Kinder). Hofeigene Pferdepension.

Potzlow, Pferdehof Ruhnau, 17291 Oberuckersee OT Potzlow-Abbau, Tel. (0172) 166 62 26, info@pferdehof-ruhnau.de, pferdehof-ruhnau.de

Gut Suckow

Das Gut wurde erst vor wenigen Jahren neu hergerichtet. Im Inspektorenhaus können Gäste in elf Doppelzimmern vornehm nächtigen. Weitere zwei Doppelzimmer und ein Dreibettzimmer gibt es im Torhaus, vier Ferienwohnungen mit ein bis drei Zimmern sind im Gästehaus. Doppelzimmer mit Frühstück kosten 79 bis 168 Euro.

Flieth-Stegelitz, Suckow Nr. 5, 17268 Flieth-Stegelitz, Tel. (039887) 692 84, post@gut-suckow.de, gut-suckow.de

Hotel am Seetor

In der Altstadt von Angermünde unweit des Marktplatzes liegt das Hotel am Seetor. Von einigen Zimmern blickt man auf den nahen Mündesee. In dem schön restaurierten Haus aus dem 18. Jahrhundert mit lauschigem Innenhof gibt es Einzel- und Doppelzimmer, eine Suite sowie eine Ferienwohnung mit Balkon. Das Doppelzimmer mit Frühstück kostet 74 Euro.

Angermünde, Hotel am Seetor, Jägerstraße 25, 16278 Angermünde, Tel. (03331) 265 60, hotelamseetor.de

TEXTE Kristina Simons FOTOS iStock, Stadtseepension Templin, Gut Suckow, Der Copytexter/A. Eickhoff (2), Gut Neuensund (2)

Gut Neuensund

Geheiratet wird oft und gerne in der Uckermark, viele Berliner Paare zieht es für ein langes (Sommer-) Wochenende ins Grüne, um dort mit Freunden und Verwandten mehr als nur einen Abend zu verleben. Zu den Treffern unter »Heiraten Uckermark« hat sich jetzt auch das Gut Neuensund gesellt. Ganz im Norden, schon auf mecklenburgischem Gebiet, kann man sich das Ja-Wort unter ehrwürdig gedunkelten Balken geben. Wer sich nicht traut: Einfach mal übernachten kann man dort auch.

Neuensund, Neuensund 20-26, 17335 Strasburg, Tel. (0151) 51 25 92 91, gut-neuensund.de

Radler- und Jugendherberge Templin

Direkt an den Radwanderwegen »Tour Brandenburg« und »Uckermärkischer Radrundweg« liegt die Radler- und Jugendherberge Templin mit insgesamt 48 Betten. Im Radlerbereich gibt es Zwei- und Vierbettzimmer für 23,50 Euro pro Person (inklusive Wäsche), im Jugendherbergsbereich Mehrbettzimmer für 13 Euro pro Person (ohne Wäsche). Frühstück kostet 6 Euro pro Person.

Templin, Herberge Templin, Ringstraße 22a, 17268 Templin, Tel. (03987) 494 53 98, radlerherberge-templin.de

Wassermühle Gollmitz

Wer schon immer mal in einer alten Wassermühle übernachten wollte, sollte nach Gollmitz im Naturpark Uckermärkische Seen reisen. Das Wasserrad versorgt die Wassermühle Gollmitz noch heute mit klimaneutralem Strom. Zusätzlich gibt es eine Wärmepumpe, eine Solaranlage und eine Biokläranlage. Die Wohnungen kosten pro Nacht und Person zwischen 28 und 35 Euro.

Gollmitz, Mühlenberg 12, 17291 Nordwestuckermark OT Gollmitz, Tel. (039852) 491 41, wassermuehle-gollmitz.de

Kanu, Floß & Herberge

Vor allem Paddler, Radfahrer oder Wanderer finden hier eine passende Unterkunft: Nur 300 Meter von der Kanu- und Floßstation Treibholz entfernt, befindet sich in der ehemaligen Kutscherremise einer Mehlmühle ein Ferienhaus mit vier Doppelzimmern und einem Einzelzimmer. Es ist nicht nur vom Land, sondern auch direkt vom Mühlenbach aus zu erreichen. Außerdem gibt es einen Garten mit Grillplatz und Kräuterbeet. Die alte Bausubstanz ist weitestgehend erhalten, die Wände wurden mit Schilf und Lehm gedämmt. An kalten Tagen wärmt eine Holzheizung und ein Bullerofen. Die Nacht im Ferienhaus kostet 180 Euro (Minimum zwei Nächte).

Lychen, Treibholz, Oberpfuhlstr. 3a, 17279 Lychen, Tel. (039888) 433 77, treibholz.com

Roulotte bei Lychen

Am Rande eines Kiefernwaldes in Rutenberg bei Lychen lässt es sich ganz romantisch in einem ehemaligen Holz-Direktionswagen nächtigen. Die Roulotte, französisch für Wohn- oder auch Zirkuswagen, steht ganz in der Nähe des Großen Kronsees und unweit des Radfernwegs Berlin-Kopenhagen. Der Wagen besteht aus einem Wohnraum mit kleiner Küche, einem Schlafzimmer mit Doppelbett sowie einem Bad mit WC und Dusche. Innen wie außen ist alles in Holz gehalten. Eine Gasheizung sorgt an kälteren Tagen für Wärme. In der Zwischensaison mietet man die Roulette für mindestens drei Nächte, in der Hauptsaison für mindestens eine Woche. Pro Nacht kostet das rollende Domizil zwischen 60 und 74 Euro, für Hunde 10 Euro pro Nacht. Bettwäsche und Handtücher bringt man selbst mit, Strom wird nach Verbrauch abgerechnet.

Rutenberg, Dorfstraße 1m, 17272 Lychen OT Rutenberg, Tel. (0172) 302 35 86, guhl@veemstede.de, roulottes.de

Pension Storchennest

Der Name ist Programm: Auf dem Schornstein der familiär geführten Pension nisten seit mehreren Jahrzehnten Störche. In der ehemaligen Bäckerei gibt es vier Doppelzimmer à 55 Euro inklusive Frühstück. Die Pension liegt in Criewen, einem Ortsteil des sieben Kilometer entfernten Schwedt, und mitten im Nationalpark Unteres Odertal, nahe des Tabakmuseums.

Criewen, Bernd von Arnim Str. 15, 16303 Schwedt OT Criewen-Dorf, Tel. (03332) 51 63 67, pension-storchennest-criewen.de

Hof Kokurin

Der Hof Kokurin liegt direkt am Naugartener See im Naturpark Uckermärkische Seen. Es gibt Doppelzimmer, Appartements und Ferienwohnungen, einen Landgasthof, eine Sauna und für Kinder einen Spielplatz. Ein Doppelzimmer mit Pantryküche kostet zwischen 58 und 62 Euro, ein Appartement für zwei zwischen 69 und 73 Euro.

Naugarten, Dorfstraße 32, 17291 Nordwestuckermark OT Naugarten, Tel. (039852) 476 30, ferien@hof-kokurin.de, hof-kokurin.de

Altstadtquartier

Mitten in der Schwedter Altstadt liegt das Hotel mit 24 Einzel-, Doppel- und Businesszimmern. Ursprünglich wurde das Gebäude 1799 als Tabakfabrik gebaut. 1870 wurde es zum Wohnhaus umfunktioniert, 2007 dann zum Hotel. Doppelzimmer kosten 49 bis 59 Euro, das Frühstück zusätzlich 9 Euro pro Person. Das Sommercafé des Hotels bietet regionale Speisen an. Das Altstadtquartier liegt in der Nähe des Oder-Neiße-Radwegs und des Nationalparks, ist also ein guter Ausgangspunkt für Radtouren und Ausflüge. Im Garten des Hotels gibt es den Sommer über Musik, Lesungen, Weinproben und Kochshows.

Schwedt, Fabrikstraße 2, 16303 Schwedt, Tel. (03332) 83 57 90, schwedt-hotel.de

Dorotheenhof Pension und Gaststätte

Der familiengeführte ehemalige Bauernhof liegt in der idyllischen Flusslandschaft des Nationalparks Odertal. Die Pension hat zwei Ferienwohnungen mit kleiner Küche und kombiniertem Wohn-/Schlafzimmer, vier Appartements mit je zwei Zimmern und sieben Doppelzimmer. Eine Ferienwohnung für zwei Personen kostet 80 Euro, ein Doppelzimmer 70 Euro, jeweils inklusive Frühstück. Gutbürgerliche Küche gibt's in der pensionseigenen Kutscherkneipe.

Mescherin, Untere Dorfstraße 13, 16307 Mescherin, Tel. (033332) 807 26, dorotheenhof-mescherin.de

FOTOS Klaus Klemmer (2), Pension Storchennest, iStock

TIPPS

Der Terminkalender der Uckermark ist das ganze Jahr gut gefüllt. Wir haben die **SCHÖNSTEN EREIGNISSE 2017** zusammengestellt. Alles wichtige zwischen Juni und Oktober von Kultur über Naturwanderungen bis zum Treckertreff

TEXT
Kristina Simons

JUNI

3. & 4.6.

PFINGST-MENÜ AN DER DESTILLE

Kochen am Holzbackofen im Gastraum der Grumsiner Brennerei. Zusätzlich werden Brände, Geiste und Liköre verkostet und es gibt eine Führung. Preis: 59 Euro pro Person inkl. vier Gänge mit regionalen Leckereien, Führung und Degustation von Bränden und Geisten. Weine kosten extra. Anmeldung nötig.

Grumsiner Brennerei, Wirtschaftshof 3, 16278 Angermünde OT Altkünkendorf, Infos: GourmetKlub Uckermark, Robin Hardt, Tel. (0173) 853 45 96, gourmetklubuckermark.de

18.6.

ENTDECKUNGSREISE IN DAS LAND DES HONIGS

Das NABU-Zentrums Blumberger Mühle gibt Einblicke in die Welt der Wiese und das Leben von Bienen und Hummeln. Die Teilnehmer können Honigsorten kosten und die Unterschiede zwischen Wild- und Honigbienen kennenlernen, eine Bienen-Rallye mitmachen und Nisthilfen für die nützlichen Insekten bauen.

Blumberger Mühle, 16278 Angermünde, 14-17 Uhr, Tel. (03331) 260 40, blumberger-muehle.de

24.6.

Geführte Radtour »4-Seen-Rundweg«

Die Tour führt auf gut befahrbaren Wegen rund 25 km durch eine hügelige Landschaft mit herrlichen Ausblicken über Gustavsruh, Pinnow, Potzlow. In Potzlow erfahren die Radler einiges zur Geschichte der Rolandsfigur. Weiter geht's zur »Schönen Aussicht« zwischen Potzlow und Fergitz mit leckerem Picknick. Anschließend ist eine Café- und Badepause in Fergitz eingeplant. Danach geht die Tour zurück nach Gerswalde. Anmeldung nötig.

Markt, 17268 Gerswalde, los geht es um 10 Uhr, Infos bei Evelyn Krüger, Tel. (0157) 58 26 75 65, fewo-uckermark@web.de

24.6.

CHORKONZERT »CANTATE JUBILATE«

Es sing der Kammerchor der Uckermärkischen Musik- und Kunstschule »Friedrich Wilhelm von Redern« unter der Leitung von Sophie-Charlotte Tetzlaff und Dorothea Janowski, Orgel: Marienkantor Rainer Rafalsky. Eintritt frei.

Marienkirche, Kirchplatz 2, 16278 Angermünde, 19 Uhr, sankt-marien-ang.de

25.6.

TAG DER ALTEN BUCHEN

Während einer etwa dreistündigen Wanderung wird der Bogen vom uckermärkischen zum gesamten europäischen Buchenurwalderbe geschlagen. Unterwegs erleben die Besucher den Wald in voller sommerlicher Schönheit. Die Entstehung der Landschaft wird ebenso erklärt wie Naturphänomene am Wegesrand: Großsteine, floristische Besonderheiten, Geländestruktur oder Lebensräume am Wasser.

Infopunkt, Altkünkendorfer Straße 22, 16278 Altkünkendorf, 13 Uhr, Tel. (03331) 365 40, schorfheide-chorin-biosphaerenreservat.de

JULI

8.7.

5. Schorfheide-Triathlon

Der Schorfheide-Triathlon am Strandbad Wolletzsee ist ein Cross-Triathlon für die ganze Familie, von kindgerechten bis zu olympischen Distanzen. Einsteiger sind willkommen. Wer will, kann auch am Quadrathlon teilnehmen, nach dem Schwimmen und Radfahren vier Kilometer mit dem Paddelboot fahren und dann laufen.
Strandbad Wolletzsee, Zum Wolletzsee 2, 16278 Angermünde, 10 Uhr, Tel. (0177) 828 80 05, schorfheide-triathlon.de

9.7.

JAZZ AUF DER ODER

Die siebenköpfige Band der »Dixie Brothers« spielen seit mehr als 25 Jahren modern interpretierte Swing- und Dixie-Standards aus den 20er-, 30er- und 40er-Jahren und andere populäre Songs. Die Brüder sind live-erfahren, treten in Berliner Jazzläden ebenso auf wie bei nationalen und internationalen Festivals. Preis: 10 Euro.
Binnenschiff-Museum, Hermann-Seidel-Straße 44, 16248 Oderberg, 11-14 Uhr, Tel. (033369) 53 93 21, bs-museum-oderberg.de

20. & 21.7.

5. SCHREIBWERKSTATT FÜR JUGENDLICHE

Kinder und Jugendliche gehen mit auf Entdeckungstour rund um die Blumberger Mühle. Thema: Was passiert, wenn ein Wassertropfen auf Reisen geht? Eine Veranstaltung des NABU und der Uckermärkischen Literaturgesellschaft. Preis: 20 Euro inkl. Verpflegung.
Blumberger Mühle, 16278 Angermünde, 10-16 Uhr, Uckermärkische Literaturgesellschaft, Tel. (03984) 75 10 41, uckermaerkische-literatur-gesellschaft.de

21.7. - 3.9.

HÖRSPIEL IM KAISERBAHNHOF

Am 21.7. startet die 12. Hörspielsaison im Kaiserbahnhof Joachimsthal. Erwachsenen-Hörspiele freitags um 18 Uhr, Krimi-Hörspiele um 20 Uhr, Kinder-Hörspiele samstags und sonntags um 15 Uhr.
Kaiserbahnhof, Werbellinsee 2, 16247 Joachimsthal, Tel. (033361) 646 46, hoer-spielbahnhof-joachimsthal.de

30.7.

»MUSIKALISCHE KLÄNGE AUF DER ODER«

Das Brandenburgische Konzertorchester Eberswalde unternimmt eine musikalische Reise vom venetischen »Gondellied« nach Spanien mit einem »Andalusischem Tanz«, von argentinischen Tangoklängen bis Janis Joplins. Karten: 10 Euro
Museumsschiff Riesa, 16248 Oderberg, 14-16 Uhr, Tel. (033369) 53 93 21, bs-museum-oderberg.de

AUG

1.-6.8.

GRIMNITZER GLASTAGE

Glasgestalter formen Unikate im 1500 Grad heißen Ofen und stellen die Kunst des Perlendrehens vor. Bei der Glasnacht am 5.8. um 19 Uhr gibt es Vorführungen und Filme zur Glasgestaltung. Eintritt 2 Euro. **Werkstatt Glashütten e.V.**, Grimnitzer Straße 11a, 16247 Joachimsthal, täglich 11-17 Uhr, Tel. (033361) 97 27, glashuettegrimnitz.de

4.-6.8.

FLÖSSERFEST

Die »Internationale Flößerstadt« Lychen – so seit 2008 der offizielle Titel – lädt zum 21. Mal zu ihrem traditionellen Flößerfest ein. Veranstaltet wird es vom Verein Lychener Flößer. Er zeigt an diesen Tagen im Museum und mit Vorführungen, wie es einmal um die Flößerei bestellt und warum Lychen eine Flößerstadt war. **Freilichtbühne**, Oberpfuhlpromenade, 17279 Lychen, Tel. (039888) 29 92, floesserverein-lychen.de

11.8.

Gerhard Schöne

In der DDR war Gerhard Schöne einer der populärsten und produktivsten Liedermacher. 1981 veröffentlichte er seine erste LP, die ihn ebenso wie seine Kinderalben auch über die DDR hinaus bekannt machte. Am 11.8. spielt er in der Wassermühle Gollmitz sein Programm »Ich pack meinen Koffer«. **Wassermühle Gollmitz**, Mühlenberg 12, 17291 Gollmitz, 20 Uhr, Tel. (039852) 491 41, wassermuehle-gollmitz.de

19.8.

NATUR UND HISTORIE GEFÜHRTE RADTOUR

Die Tour führt auf meist gut befahrbaren Wegen nach Willmine durch den Suckower Forst ins historische Köhlerdorf Poratz. Von hier aus geht's durch die Poratzer Moränenlandschaft nach Ringenwalde. Nach einer Stärkung im Landgasthof »Zum grünen Baum« gibt es eine Führung zu den historischen Stätten von Ringenwalde. Durch den Arnimswalder Forst führt die Tour zurück zum Ausgangspunkt. Anmeldung nötig. **Sportplatz,** nahe Kirche, 17268 Groß Fredenwalde, 10 Uhr, Infos bei Evelyn Krüger Tel. (0157) 58 26 75 65, fewo-uckermark@web.de

19.8. & 20.8.

TRECKERTREFF

Historische Fahrzeuge, Traktorkorso, historische Getreideernte, Schaupflügen und Geschicklichkeitsfahren. Für die Kinder gibt es dazu Springburg, Karussell und Unterhaltungsprogramm. Am 19.8. wird Musik und Lagerfeuer geboten. **Technikhalle**, Straße Richtung Passow, 16278 Mark Landin OT Schönermark, Sa ab 18 Uhr, So 10-19 Uhr, Tel. (033335) 414 22

20.-24.8.

SOMMERCAMP FÜR KINDER

Unter dem Motto »Iss was… ?!« werden Kinder und Betreuer im Feriencamp zu Selbstversorgern. Sie lernen Outdoor-Küche kennen, sammeln Wildpflanzen, brutzeln am Lagerfeuer und backen im Lehmofen. Auch Ausflüge zum Bio-Bauernhof und zu einer Getreidemühle stehen auf dem Programm. Anmeldung notwendig. **NABU-Zentrum**, Blumberger Mühle, Blumberger Mühle 2, 16278 Angermünde, Tel. (03331) 260 40, blumberger-muehle.de

25.8.

ANGERMÜNDER WANDERKINO »LASTER DER NACHT«

Nostalgisches Open-Air-Kino mit Stummfilm und Live-Musik (Violine und Piano) im mobilen Wanderkino. Ein Oldtimer-Feuerwehrfahrzeug von 1969 integriert die Kino-, Ton- und Lichttechnik, Bestuhlung und Instrumentarium. **16278 Angermünde**, Franziskaner Kloster, Klosterstraße 43a, 20.30 Uhr, wanderkino.de

FOTOS iStock (2), Glashütte Grimnitz, Carsten Rehder/dpa, Wassermühle Gollmitz, NABU/F.Fender, Privat (2), Promo

SEP

2.9.

LOB DER KARTOFFEL

»Du Gipfel meines Entzückens« – Texte über die Kartoffel, vorgetragen von Antje und Marin Schneider, Klavier: Angela Stoll im Rahmen des Kartoffelfestes.
Frz-ref. Kirchgemeinde, Groß-Ziethen, Kirchstraße 10, 16247 Ziethen, 15 Uhr, Tel. (033364) 506 00, hugenottenerbe.de

3.9.

ORGELSCHÄTZE

Jack Day (Orgel) und Charlotte Rankwitz (Sopran) stellen wertvolle historische Orgeln musikalisch vor. Zu Essen gibt es auch. Eintritt: 12/8 Euro.
Marienkirche, Kirchplatz 2, 16278 Angermünde, 11-18 Uhr, Tel. (0157) 78 26 64 67, sankt-marien-ang.de

9.9.

RÖHREN HÖREN.

Die Exkursion im Mondschein führt zu brunftenden Rothirschen. Dazu Lagerfeuer mit Imbiss und Jägerlatein.
Naturwacht Nationalpark, 16278 Stolpe, 17-23 Uhr, 22/12 Euro, Treff am Parkplatz an der Brücke, Tel. (03332) 267 72 01, unteres-odertal.de

10.9.

STOLPER GRÜTZPOTT

Tag des offenen Denkmals: Im Volksmund heißt der Stolper Turm auch »Grützpott«. Mit seinen 18 Metern Außendurchmesser ist er Deutschlands dickste Turmburg.
Stolper Turm, 16278 Stolpe, 10-17 Uhr, Tel. (033338) 528, dorfvereinstolpe-uckermark.de

10.9.

HOLLÄNDERMÜHLE

Tag des offenen Denkmals: Seit 2013 wird die Mühle restauriert. Schauvorführung.
Erdholländermühle, 16278 Greiffenberg-Ausbau, 11-17 Uhr, Tel. (033335) 414 22, muehle-greiffenberg.de

16. & 17.9.

RITTER UND MITTELALTER IN GERSWALDE

Auf der Wasserburg Gerswalde zieht für zwei Tage mittelalterliches Leben ein. Die Grafen von Sparr halten Heerschau. Es stehen Wettkämpfe im Bogen- und Armbrustschießen sowie Schwertkämpfe an – auch für Besucher. In der Burg ist altes Handwerk wie Hornschneiden, Leder- und Wollverarbeitung zu sehen. Es gibt regionale Ware, Speis, Trank, Gesang und Feuershow. Eintritt 4/2 Euro.
Wasserburg, 17268 Gerswalde, 11-22 Uhr, So bis 22 Uhr, Tel. (039887) 249, gerswalder-wasserburg.de

24.9.

VON BACH BIS GERSHWIN

Das Bläserquartett OPUS 4 wurde von Posaunisten des Leipziger Gewandhausorchesters gegründet. Mit technischer Perfektion und großer Spielfreude bringen sie originale Kompositionen aus Renaissance und Barock, speziell für dieses Ensemble arrangierte Werke sowie Klassiker der Swing-Ära auf die Bühne. 14/10 Euro.
Marienkirche, Kirchplatz 2, 16278 Angermünde, 16 Uhr, Tel. (0157) 78 26 64 67, sankt-marien-ang.de

OKT

11./14./21.10.

KRANICHSAFARI

In Brandenburg rasten im Herbst abertausende Kraniche, bevor sie ab Mitte Oktober nach Spanien ziehen. Neben der Kranichwoche vom 29.9. bis 8.10. (siehe Seite 28) gibt es weitere Termine ab September!
Café am Mühlenteich, Kastanienallee 8, 16307 Gartz, 16., 23., 27.9. und 11., 14., 21.10., je 16 Uhr, Tel. (03332) 267 72 01, unteres-odertal.eu

21.10.

ABFISCHEN

Beim »Großen Fischzug« werden die Blumberger Teiche abgefischt. Dabei kann man den Fischern zusehen, sich einen Karpfen für Weihnachten oder Silvester aussuchen und dabei auch noch einen Glühwein trinken.
Blumberger Mühle, 16278 Angermünde, Tel. (03331) 260 40, blumberger-muehle.de

Ein Mann, ein Holz.

Die späte Rache des Ingenieurs: Frauen stehen jetzt auf Holzfäller. Zumindest, wenn sie nicht riechen

Hat den Motorsägenschein gemacht: **Marcus Franken** darf jetzt Bäume fällen und Brennholz machen.

Holzfällerhemden hatten keinen guten Ruf. »Kariertes Hemd und keine Frau, ich studier Maschinenbau«, unkten Philosophen, Designer und Romanisten – alles Studiengänge mit höherer Frauenquote als bei uns Ingenieuren. Klaus Lage führte jahrzehntelang die proletarische Sozialarbeitervariante eines karierten Hemdes vor. Bei dem Sänger konnte man sich vorstellen, wie er nach einem harten Tag im Tonstudio noch mit der Motorsäge in den Wald ging und dann Holz für den Ofen kleinhackte. Axelschweiß inklusive. Die Sexyness eines Buches unter dem Arm war deutlich größer.

Bis jetzt.

»Ich mag Männer, die anpacken«, raunt Carolin Kebekus, selbst ernannte »Alpha Pussy«. »Wenn Typen einen Baumstamm zersägen und mit Holz etwas machen – dann raste ich aus. Da bin ich nackt«. Darum trägt man/frau heute Spaltaxt, der Trend zu Axt und Säge ist genderneutral. Eine Freundin von mir hat sogar begonnen, mit der Motorsäge Holzskulpturen zu formen. Ich weiß aber nicht, wie viele Männer sich da spontan ausziehen.

Meistens ist es doch mehr so eine mentale Sache: Frauen finden die hübschen Kerle in den Katalogen der Outdoor-Hersteller und den angeschlossenen Freizeit-Magazinen ganz famos. Jungs, die ungeniert im Karohemd posieren. Und nicht riechen. Moderne Männermagazine sollen das sein. Aber mal ehrlich: Frauen - und ich glaube: nur Frauen - kaufen so was. Der Markt brummt. Das kommt Alexander Waschentzko entgegen. Er ist Forstwirt und bietet bei Templin Motorsägenkurse an. Waschentzko bringt Städtern alles bei, was man über Säge, Helm und Hackebeil wissen muss. Es kommen viele Berliner mit Freizeithütte in der Uckermark, die Brennholz aus dem Wald holen und vielleicht auch mal eine Frau fällen wollen - wie einst Fred Feuerstein. Der Gewinn an Sexappeal soll ja erheblich sein.

Datingportale sind Out. Der Motorsägenschein ist in. Einsamen Philosophen, Designern und Romanisten sollte man das verraten.

IMPRESSUM

TAGESSPIEGEL Uckermark

Herausgeber
Stephan-Andreas Casdorff, Lorenz Maroldt

Redaktion
Marcus Franken (Ltg.), Lars Laute

Autoren
Christina Bylow, Meiken Endruweit, Mirco Lomoth, Harald Martenstein, Cordt Riechelmann, Barbara Schaefer, Kristina Simons

Art Direktion
Suse Grützmacher, Laura Holdack

Fotoredaktion
Kai-Uwe Heinrich (Ltg.), Kitty Kleist-Heinrich

Lektorat
Wolfgang Köglmeier

Verlag
Verlag Der Tagesspiegel GmbH
Askanischer Platz 3, 10963 Berlin
www.tagesspiegel.de

Geschäftsführung
Florian Kranefuß (Sprecher), Farhad Khalil, Ulrike Teschke

Verlagsleitung
Philipp Nadler (Vermarktung), Sebastian Stier (Vertrieb), Thomas Wurster

Verkaufsleitung Magazine
Nils Höfert

Key Account/Anzeigenverkauf
Arndt Klöckner

Herstellungsleitung
Marco Schiffner

Layout und Produktion
Manja Hegewald

Kartenmaterial
Grafik: Christian Renner
© OpenStreetMap-Mitwirkende

Druck
Möller Druck und Verlag GmbH

Leserservice
Telefon 030 290 21-502
Telefax 030 290 21-599
leserservice@tagesspiegel.de

Redaktionsschluss
19. Mai 2017

ISBN 978-3-946383-43-7